SCIENCE TRAVEL GUIDE
科学导游指南

丛书主编　陈安泽
本书主编　郝海周

上海科学普及出版社

图书在版编目（CIP）数据

武安科学导游指南/郝海周等编著.——上海：上海科学普及出版社，2014.7

（中国国家地质公园丛书）
ISBN 978-7-5427-6025-8

Ⅰ.①武…Ⅱ.①郝…Ⅲ.①—旅游指南—武安市
Ⅳ.①K928.922.4

中国版本图书馆CIP数据核字（2013）第298165号

责任编辑：胡　伟
封面设计：李　军

中国国家地质公园丛书
武安科学导游指南

郝海周　编著
上海科学普及出版社出版发行
（上海中山北路832号　邮政编码200070）

各地新华书店经销　上海豪杰印刷有限公司印刷
开本889×1194　1/32　印张4.125
2014年7月第一版　2014年7月第一次印刷
ISBN 978-7-5427-6025-8　　定价：26.00元

丛书主编

陈安泽
著名旅游地学专家、中国地质科学院研究员

本书编辑委员会

名誉主任//韩保魁
主　　任//梁考绩
委　　员//李济峰　白延军
主　　编//郝海周
副主编//周彦刚
编　　著//高占强　申张浩　温江杰
摄　　影//郅　政　刘　宁
制　　图//段玮炜　孟延强　郭　蕾
照片提供//武安市国土资源局

主编的话

地质公园（Geopark）是21世纪涌现出来的一项新生事物，是地质工作开拓服务领域的一项创举，是旅游业的一个新品牌。顾名思义，地质公园是以地质遗迹为主要观赏、游览对象的公园。地质遗迹听起来似乎有些陌生，其实自然界的山山水水、古生物化石等都属于地质作用形成的地质遗迹，那些以真山真水构成的自然公园，都属于地质公园的范畴，只不过在本世纪之前没有正式命名罢了。值得特别提出的是，建立地质公园的思想是中国旅游地学家率先提出的，地学家在20世纪70年代末期为中国蓬勃兴起的旅游业服务中受到启发，为了保护地质遗迹和为旅游业提供具有地学知识含量的旅游场所，于1985年先后向国务院和原地质矿产部提出建立"地质公园"、"国家地质公园"的建议，因当时时机尚不成熟而未能正式实现。20世纪末，联合国教科文组织提出了建立"世界地质公园网络（Unesco Network of Geoparks）"的倡议，中国旅游地学家抓住这个机遇，于1999年向国土资源部提出建立地质公园的建议，国土资源部接受了建议，决定开展中国国家地质公园计划。于2000年末，云南石林等中国首批国家地质公园诞生，也是世界上第一次出现"国家地质公园"。到2011年止，中国已建成140处国家地质公园，另有60处获得了建设国家地质公园资格，正在积极建设中。在中国及欧洲的推动下，2004年世界地质公园正式面世，现今中国已有26处地质公园成为联合国教科文组织"世界地质公园网络"成员，并有大批省级地质公园已经建立。在短短的11年中，一个管理级别有序、地质景观类型多样、地理分布面广的中国地质公园体系已初步建立，地质公园已成为最受欢迎的旅游对象之一，并展现了光明的发展前景。

地质公园担负着三项主要任务：第一，保护自然环境，保护地质遗迹；第二，开展普及地球科学知识，促进全民族科学素质的提高；第三，开展旅游活动，促进地方经济社会可持续发展。地质公园中不但含有各种具有特殊科学价值和美学价值的地质地貌景观，同时往往含有重要价值的人文景观和丰富多彩的生物、气象景观。游人在地质公园中，不但可以欣赏到山水美景，享受到优良的生态环境，还可以在游览中顺便获得许多地学、生物学和历史文化知识，增加游兴，获得高层次的精神享受。

但是，由于山水形成的道理较为深奥，许多游人在游山玩水中想获得这些知识却缺乏途径。为了把地质公园内涵丰富的科学价值、美学价值和历史人文等信息更好地传递给公众，使游人在欣赏山川美景、享受自然风光的同时，能够获取科学知识、感悟历史文化熏染，我们在各级国土资源部门和各地质公园的支持下，组织了国内著名的旅游地学专家，编纂了这套"中国国家地质公园丛书"。截至2011年已出版了庐山、五大连池、黄山、张家界等9本，受到了读者的热烈欢迎，也极大地鼓舞了编写人员的创作热情。自2012年起，对丛书进行改版，将国家地质公园按批准顺序编号，加快出版各地质公园单行本，并按惯例将各省按序编卷，出版各省、市国家地质公园丛书分卷本。丛书以国家地质公园为单位，从科学导游的角度，深入浅出、图文并茂地阐述各地质公园中各类地质地貌景观的形成演变、发展过程，同时还系统地介绍公园其他自然和人文景观，使科学和人文融为一体。书中还把各种景物按园区和旅游线路组织起来，方便读者阅读使用。另外，书中也介绍了公园周边风景名胜及去地质公园时如何安排吃、住、行、游、购、娱等实用信息，对自助旅游可以起到较好的指导作用。本丛书还是了解中国自然山水、人文历史的知识宝库，具有较高的收藏价值。

本丛书是一部巨著，并将随着地质公园的发展日益增多。笔者年事已高，完成这部巨著已力不从心，企盼尽早有人接替。衷心感谢王艳君同志、各位作者、上海科学普及出版社等在编辑出版过程中的尽力协助。

陈安泽
2012年5月

目录
CONTENTS

纵览武安　　　　　　　　　　1

2 — 千年古县，新兴城市

7 — 冀南宝地，太行明珠

11 — 天然的地学博物园

武安地史　　　　　　　　　　21

22 — 地质背景

31 — 地质演化

人文历史　　　　　　　　　　35

36 — 历史沿革

41 — 红色革命老区

45 — 多彩的地方文化

游览武安　　　　　51

53 — 京娘湖景区

64 — 古武当山景区

70 — 朝阳沟景区

72 — 七步沟景区

82 — 长寿村景区

86 — 莲花洞景区

90 — 优秀旅游城市

思索武安　　　　　97

98 — 石英砂岩峰林地貌景观的形成

101 — 其他地质景观的形成

旅游资讯　　　　　105

106 — 行　　　108 — 住

110 — 吃　　　113 — 游

115 — 购　　　117 — 娱

中国国家地质公园丛书编制出版编目

纵览武安

千年古县,新兴城市
冀南宝地,太行明珠
天然的地学博物园

千年古县，新兴城市

武安市历史悠久。战国纵横家苏秦和名将白起、李牧都曾被封为武安君。武安磁山文化遗址是中华文明发祥地之一，位于武安市磁山村南洺河畔的一个黄土台地上，距今已有一万多年历史，是粟的最早种植地、核桃的最早栽培地、鸡的最早养殖地、玉石的最早发现地。

▲ 武安在中国的位置
▶ 太行山区地图
▶ 太行山东缘的武安

武安位于河北省南部，太行山东麓，东经113°45′～114°22′，北纬36°28′～37°01′，地处晋、冀、鲁、豫四省交界地带。武安是历史悠久的古县，建县已逾1800多年。春秋属晋，战国为赵之武安邑。秦灭赵后，武安属邯郸郡。西汉初（前202—前195年）设置县，属魏郡。当时县城在今市区西南50里固镇。固镇位于洺河北岸，西通秦晋,既为交通要道,又为兵家重地。"武安"一词,含"凭借武力获取安定"之意,素有"太行明珠"之称。

纵立华北的太行山是我国东部地区的重要山脉和地理分界线,太行山以西是闻名世界的黄土高原,以东就是千里平畴的华北大平原。太行山又名五行山、王母山、女娲山。太行山呈东北—西南走向,局部地段近于南北走向。北起北拒马河谷地,南至山西、河南边境的沁河平原。中段出露部分片麻岩,南段和北段主要为石灰岩。山脊海拔1500~2000米。山地东侧为明显的断层,许多地段形成近1000米的断层岩壁,气势雄伟。山脊西侧转为缓坦的高原。山地受拒马河、滹沱河、漳河、沁河等切割,多横谷,当地称为"陉",古有"太行八陉"之称,为东西交通重要通道。太行山东翼断陷盆地蕴藏了

丰富的煤炭资源，其中分布有井陉、临城、峰峰、六河沟等著名煤矿。太行山自幽燕向南，逶迤千余里，直抵黄河北岸。东携华北平原，西牵黄土高原，巍然耸立在中国的东方，被誉为"中国的脊梁"。河北武安位于"脊梁"的中部，自古以来她钟灵毓秀、人杰地灵，是一个神奇的地方。

太行山地貌复杂，地势壮观，山川峻秀，景象万千。境内山地、平原、丘陵、盆地均有分布，总体地势为西高东低，自西而东依次为山西高原—中山—低山、丘陵、盆地—华北平原。各种地貌的相辅相成，共同构成了大山、大河、大平原的壮丽景观。

武安是邯郸市下辖的一个县级市。邯郸市位于晋冀鲁豫四省要冲和中原经济区腹心，在四省交界区是唯一的较大城市。产业经济基础雄厚，素有"北方粮仓"、"冀南棉海"之称。邯郸历史悠久，文化灿烂，是中华文明的重要发祥地之一。早在8000年前，这里就有人类繁衍生息，孕育了新石器早期的磁山文化；战国时期，邯郸作为赵国都城达158年之久，是我国北方的政治、经济、文化中心；秦统一中国后，为天下三十六郡郡治之一；汉代与长安、洛阳、临淄、成都共享"五都盛名"；东汉末年，曹魏集团在邯郸南部邺城一带建都；北宋时期，邯郸东部的大名成为北宋都城汴梁的"陪都"。抗日战争和解放战争时期，是八路军129师司令部和晋冀鲁豫边区政府所在地。悠久的历史孕育了鸡泽毛遂文化、磁山文化、赵文化、女娲文化、北齐石窟文化、磁州窑文化、成语典故文化、边区革命文化等十多项文化脉系，内涵博大精深，风格丰富多彩。

武安东邻邯郸市、永年县，以紫金山为界；南接磁县、峰峰矿区，以鼓山、天井寨山、南大垴为界；西倚涉县、山西左权县，以青阳山、万寿山、青崖寨为界；北连邢台沙河市，以摩天岭、梅龟寨、皇母山为界，总面积1806平方千米，城区面积16.5平方千米。现辖22个乡镇、502个行政村。

◀ 武安一瞥
▼ 美丽的城市

　　武安市地处晋冀豫三省交界处，境内交通便捷，路网纵横交错。铁路建设始于1941年，有5条越境铁路，全长141.31千米，设18个客货混用站，为全国拥有火车站最多的县（市）。公路四通八达，309国道横穿东西，邢都公路纵贯南北，公路通车里程966千米，基本实现了村村通公路。武安自古商贾云集，素有"小北京"之称。

　　现在的武安市是一座以工业为主，各行业全面发展的新兴城市。矿产资源极为丰富，以铁、煤矿为主，是全国58个重点产煤县（市）和全国四大富铁矿基地之一。新世纪以来，市综合实力显著增强。2004年武安市再次跨入全省十强之列，位居第六位，是武安市继1995年之后，时隔8年再次获此殊荣，并在2005年晋升到第三位后，常年稳坐全省十强县第三位；2005年跻身全国县域经济百强之列，位居第88位。2011年，武安全市生产总值完成528.3亿元，位居全国县域经济基本竞争力百强县（市）第56位，位居河北省百强县（市）第三位。在晋冀

鲁豫四省交界区县域经济中居第一位。

2008年，武安跻身国家园林城市，住房和城乡建设部公布了2009年度"国家园林城市"认定结果，武安市榜上有名。这是该市继获得"中国优秀旅游城市"称誉后，又持有的一张靓丽的城市名片。

武安市历史悠久。境内"磁山文化遗址"中发现的粟和鸡的炭化标本，是迄今世界上人类种植、养殖的最早实物证据，距今已有7500多年。战国纵横家苏秦和名将白起、李牧都曾被封为武安君。武安是著名的地方戏曲之乡，现留存黄河流域惟一的古傩戏，被称为"戏剧的活化石"，拥有平调、落子两个地方剧种。

武安文物古迹众多。"磁山文化"遗址为全国重点文物保护单位，此外有省级文物保护单位13处，县级29处。南北朝时佛教传入武安，境内先后建有寺院百余处，至今仍有古塔数座，其中位于县城的舍利塔建于宋元祐年间。著名的响堂寺石窟（建国后始划归峰峰矿区）仅距县城20千米。其他诸如法华洞、定晋岩、千佛洞等石刻，以及相传为廉颇拒白起假土为粮之粟山、王乔隐居之紫金山、曹子建读书处之儒山、新辟之京娘湖旅游区等名胜也久负盛名。

冀南宝地，太行明珠

> 武安位于晋、冀、鲁、豫四省交界地带，西倚巍巍太行，东望华北平原，处于太行山隆起与华北平原沉降带的接触部。武安地理区位优越，自然资源丰富，经济社会繁荣，历史悠久，人文璀璨，是著名的地方戏曲之乡、古代冶炼之乡、河北小米之乡、全国百强县（市），号称"八百里太行山水、七千年磁山文化、东太行旅游胜地"。

◀ 园林城市
◀ 武安舍利塔
▼ 古武当山五峰并立

武安处于太行山隆起与华北平原沉降带的接触部，属山区县（市）。总体可分为山区（占总面积的29.7%）、低山丘陵区（占45%）及盆地（占25.3%）三大类型。境内山脉属太行山余脉，主要有五大分支。即小摩天岭山脉、老爷山山脉、十八盘山脉、西南横行山脉及鼓山、紫金山山脉，西北部的青崖寨为武安最高峰，海拔1898.7米。

武安地处海河流域，境内诸河均汇流于洺河。洺河亦称洺水，古称寝水、千步水、南易水。上游有南洺河、北洺河两条主要支流，分别发源于武安市西北部的深山区摩天岭两侧，向东南流经武安市的绝大多数乡镇，与康二城镇的永合村相汇，南、北洺河汇合后称洺河。向南流经河北武安、永年、

鸡泽、曲周，河南濮阳、郸城等地。其主要支流有：南、北洺河、马项河、淤泥河。水利工程主要有水库（中型水库4座，小型水库45座）、水井（中浅井2192眼、深井533眼）和灌区4个（口上水库灌区、车谷水库灌区、贾庄灌区、跃峰灌区）。

武安属于温带大陆性季风气候，四季分明。春季干旱多风，夏季炎热多雨，秋季晴朗凉爽，冬季寒冷少雪。全年平均气温11～13℃，一月份最低，平均为-3.2℃，七月份最高，平均为26.3℃。极端最低气温-19.9℃，极端最高气温42.5℃。景区无霜期196天。日照2204小时，多年平均降雨量600～738.4毫米。多年平均风速2.6米/秒，极端最大风速29米/秒。

武安处于太行山东麓，地势西北高东南低，冀晋交界的青崖寨标高1898.7米，是武安海拔最高的山峰。武安国家地质公园内主要河流是南洺河与北洺河，两河分别发源于冀晋交界山摩天岭的南侧、北侧，河水旱季接受山中下降泉水的补给，呈溪流进入河道，丰水年河水不断,枯水年溪水流入河道下渗为潜流。南洺河年径流量7180万立方米,北洺河年径流量6390立方米。

武安属华北植物区系—半旱生森林丛草原植被区系。主要野生植物有白草、蓝草、马兰草、山韭菜、苇、麻等20多种。主要农作物有小麦、玉米、谷子等278种,有"河北小米之乡"之誉。农副产品有柿子、苹果、梨、葡萄、红枣、桃、杏、核桃、板栗等各种干鲜果。在河北省武安市山区的峭壁上,科研工作者发现了一种珍稀濒危植物——缘毛太行花。经过中国科学院植物研究所的专家鉴别,属于国家二级保护植物,具有宝贵的药用价值。

武安主要野生动物有豹、狼、狐、鼢鼠、松鼠、刺猬等;鸟类有麻雀、喜鹊、鸽、燕、鹌鹑、雕、斑鸠、雉鸡等;鱼类有鲤、鲇、鲫、鳅、鳝等;两栖类有青蛙、蟾蜍;爬行动物有蛇、蜥蜴等;节肢、环节、软体的动物有虾、蟹、河蚌等。

武安国家地质公园内沟壑纵横交错,山峰林立多姿,地势起伏多变,地貌丰富多样。南、北洺河发源于境内的摩天岭,似两条银练蜿蜒跌宕在崇山峻岭之中,把京娘湖、朝阳湖、四里岩三座中型水

◀ 武安四季
▲ 缘毛太行花
▼ 可爱的松鼠

库串在一起。园内树种繁多，植被丰茂，乔木、灌木和木质藤本树种约有67科、150属、近400种，其中水杉为国家一级保护树种，银杏、核桃、杜仲为国家二级保护树种，树龄数百年甚至上千年的古柏、国槐、板栗及漆树、橡树等，在太行山区域更显弥足珍贵。野生动物种类多、数量大，被人们誉为"绿的海洋、鸟的天堂、兽的乐园"。

武安矿产资源非常丰富，太行山自古就有"铜头、铁腰、金尾巴"之说，这里的铁腰，就是指邢台—邯郸—安阳的铁矿资源，这种接触交代型铁矿，在中国被称为"邯邢式"铁矿，而武安市占了这种类型铁矿储量的2/3以上。此外，武安还盛产煤矿、石灰岩等20多种矿产。

邯邢式铁矿是铁矿床类型之一，属矽卡岩型铁矿床，因产于河北省邯郸市—邢台市一带而得名。为赋存于由燕山期二长岩、正长闪长岩、闪长岩和辉长闪长岩等与中奥陶世马家沟灰岩接触带中的铁矿床。武安市已探明的铁矿石资源量5.62亿吨，可采量为4.7亿吨。主要铁矿床类型为邯邢式（接触交代—热液型）铁矿，其蕴藏量占我国邯邢式铁矿总量的2/3以上。

武安市境内煤炭资源丰富，为全国重点产煤县之一。已探明储量14.36亿吨，远景储量23亿吨，可开采量16亿吨。主要分布于市境东部，主要赋存于晚石炭—早二叠世的地层（太原组、山西组）中，分属海陆交互相、内陆河湖和沼泽相含煤陆屑建造。武安市为全国58个重点产煤县（市）之一。郭沫若曾有诗赞曰："武安铁矿峰峰煤。"

武安市水泥用石灰岩为主的石灰岩资源潜力巨大，有水泥用石灰岩矿产地2处，保有储量10148万吨，基础储量10682万吨，资源量1815万吨，资源储量12497万吨。

天然的地学博物园

武安国家地质公园就像一部地学巨著,记载了武安30亿年的沧海桑田,形成了太古界、元古界、古生界和新生界地层,尤其是2.05亿年来的燕山运动、喜马拉雅运动,造就了今天奇绝伟岸、隽秀多姿的美丽景观。

河北武安国家地质公园,是一个以黄土高原、太行山和华北平原等大高原、大山水、大平原为地理背景,以华北地台、华北裂谷带、太行山隆起带为地质背景形成的以构造地貌为特色,以华北地台出露典型的地质剖面为主线,以地层中富含的丰富矿产为基础,以方山、崖壁、石墙、峰丛、峰柱、峡谷、溶洞、水体为主要景观形式,以北方罕见的良好的生态环境为载体,以悠久的中原文化和中国传统山水文化为内涵,具有很高地质地貌科学价值和自然人文科学综合价值的国家地质公园。公园总面积292.03平方千米,分为摩天岭—长寿村、武华山、七步沟、古武当山、京娘湖、朝阳沟、柏草坪和莲花洞等八个景区。

◀ 古树参天
▼ 红色砂岩峰丛——玉玺峰

园内地质资源丰富多彩，30亿年的沧海桑田，形成了太古界、元古界、古生界和新生界地层，尤其是2.05亿年来的燕山运动、喜马拉雅运动，造就了京娘湖、古武当山、七步沟、武华山的石英砂岩峡谷峰林景观；第四纪以来玄武岩浆在柏草坪景区多期溢流，留下了奇特的岩流景观、溢流口景观、对围岩烘烤景观；岳庄寒武系地层中找到多种属的三叶虫、腕足类、牙形石，尖山奥陶纪峰峰组灰岩中含的三叶虫、角石、腕足类、螺等化石，记录了距今5.43亿～4.38亿年的古地理环境；莲花洞中有多姿多彩的岩溶景观。

"奇、险、幽、秀"是河北武安国家地质公园自然景观的写照，奇峰深峡保持了景观的自然性，具极好的观赏价值。地质地貌景观与丰富的生态资源相结合，使园区景色大大提升。峡谷峰林、峻峰险岩、溪泉瀑布、茂密森林、高山草甸等自然景观，使园区既有北国风光之雄，又具南疆水乡之秀。无山不绿，无水不清，山花遍野，

▲ 寒武纪峰柱（刺天塔）
▼ 古武当山断崖
▶ 陈家坪寒武系地层剖面

松涛如海,果树满坡,红叶如霞,冬瀑玉柱等,使旅客充分感受到公园深厚的地质内涵。

华北陆块是世界上少有的古老陆块之一,武安地处华北陆块中部,这里最古老的地层,年龄已经超过25亿年。太古宙、元古宙、古生代、中生代和新生代地层被本区复杂的褶皱断裂切割成块,抬升地表,裸露于地面,是一部研究记载地球演变的史册,既有丰富的观赏价值,又有典型的研究和教育价值。公园对发挥武安地学的科学功能,满足求知者的需求,提供了一部大自然著就的"天书"。

断崖峭壁、天然剖面

由于断层的作用,太行山面向平原一侧,常常由一层层崖壁相互叠置而成,这一层层崖壁与平台或缓坡相间分

布,构成典型的崖抬梯叠景观。崖壁高度主要受地层和岩性的控制。太古宙古老的变质岩,早寒武世馒头组页岩,早奥陶世页岩等在地貌结构上往往形成缓坡;中元古代厚层状石英砂岩,中晚寒武世厚层状鲕粒灰岩(白云岩),奥陶纪、石炭纪的厚层灰岩等在地貌上往往

形成崖壁。单个崖壁高度一般50～500米，延伸可达500～5000米。中元古代紫红色石英砂岩在地貌上多形成赤壁丹崖；寒武纪的巨厚层灰岩在地貌上多形成巨型长崖；奥陶纪灰岩多形成台阶状陡崖。陡崖与缓坡的转折处，一般也是地层的分界处，正是这种独特的地貌结构把太古宇、中元古界、寒武系、奥陶系、石炭系、二叠系地层以及地层的层序特征和地层之间的不整合界面等裸露无遗。吕梁、蓟县、怀远三大不整合面反映了不同地质年代发生的重大地质事件，成为研究华北地台地质结构的天然剖面，为华北地台区域发展历史提供了证据。

火山遗痕、地幔之窗

新生代以来由于太平洋板块对欧亚板块的俯冲和印度板块对欧亚板块的碰撞挤压，在濒太平洋构造域形成了巨型活动构造带。

晚三叠世—早白垩世早期中国东部的地质构造格局发生了深刻的变化，开始了以东西分异为特征的新时期，隆升造山作用的结果形成东隆西坳的构造格局。这个时期的构造叠加于不同时代、不同展布方向的老构造单元之上，主构造线方向由原来的东西向、近东西向逐渐转变为北东、北北东向。

早白垩世晚期华北板块东部表现

为大规模的带状裂陷和隆起,形成一系列北北东向展布的大型裂谷盆地,并在盆地中堆积了巨厚的陆相火山—沉积地层,构成华北裂谷带的雏形。自古近纪开始进入裂谷发展的全盛期,表现为以太行山前断裂带为界,西侧隆起、东侧断陷沉降的差异升降运动形式。新近纪裂谷盆地整体凹陷,裂谷发展进入了一个新阶段。

第四纪构造活动继承了新近纪的活动特征,同时伴随着大规模的岩浆喷溢活动,形成了区内特有的火山遗迹。

◀ 石灰岩崖壁
◀ 第四纪玄武岩喷发物——火山弹
▲ 第四纪玄武岩喷溢口

武安地区大面积分布的新生代第四纪碱性玄武岩不仅为武安旅游提供了一处亮点,同时,玄武岩中的上地幔捕房体为认识新生代上地幔特征提供了直接的样品。我国众多学者对其组成、地球化学、热状态及流变学的研究已达到多学科交叉的新高度,并取得了许多共识。中国新生代碱性玄武岩喷发的构造背景与裂谷作用相关,并处于岩石圈减薄、软流圈顶面抬升、地幔地温显著升高的深部状态。武安地区位于大兴安岭—太行山巨型构造带上,是中新生代太平洋板块对东亚大陆影响强与弱的交界地带。分布在该地区的新生代碱性玄武岩对探索古老岩石圈地幔碎块的存留问题具有重要的意义。

柏草坪玄武岩是距今大约140万年前后岩浆沿构造裂隙喷溢出的玄武岩流,岩流中包裹着第四系中更新统离石黄土夹砾石。玄武岩体具有气孔状、枕状、柱状三种构造,是火山喷溢熔岩在地表流动留下的遗迹,这里能看到岩浆喷溢口和起始喷发物,该地质遗迹具有第四纪火山活动裂隙式岩浆溢流的典型性、稀有性、完整性和美学价值。

柏草坪玄武岩同山西大同玄武岩同属第四纪岩浆活动的产物。山西大同玄武岩保留中心式喷发的火山口和火山遗迹。武安柏草坪玄武岩保留了裂隙喷发溢流口和三次喷发留下的气孔状玄武岩、流线型玄武岩和柱状玄武岩,为研究第四纪岩浆活动提供了科学样本。

- 三叶虫化石
- 寒武奥陶化石群
- 波痕石
- 奥陶系石灰岩中的角石

沉积构造、远古海洋

华北地台是我国唯一的、也是世界上少有的以"稳定"著称的古陆块。在长期稳定的大地构造背景条件下，于12亿～16亿年间形成了华北地台上第一个具有盖层特点的非全域性的滨浅海相紫红色陆源碎屑岩沉积建造。大约在距今5.4亿年左右，随着全球古气候变暖和海平面上升，整个华北地台已是一片汪洋，在地势平坦、海水浅而动荡、长期稳定的陆表海环境下形成了一套巨厚的广海碳酸盐岩沉积。此后因受加里东全球性地壳运动影响，华北地台整体抬升并遭受风化剥蚀，直到距今3.2亿年前再次发生海侵，形成我国北方最重要的含煤陆表海沉积建造。

在长达10亿～13亿年的沉积过程中，华北地台经历了3次由海进到海退的海平面升降旋回，形成和保存了大量典型陆表海沉积构造遗迹。在华北地台南部的太行山地区，发育了一整套华北地台上相对完

整且具有广泛代表性的沉积地层，由于受构造破坏性小，完整地保存了这些在地质历史上已经消亡、特殊的古代海洋的沉积遗迹。在武安地区因断裂作用所形成的陡崖、绝壁等天然地层剖面上，到处可以清晰地看到这些古代海洋沉积遗迹，是一座天然古代海洋历史博物馆。

古生物大类

（1）古动物类

①岳庄寒武系三叶虫化石产地

②尖庄奥陶系腕足类、头足类、牙形虫化石产地

（2）古植物类

①紫山石炭二叠系地层化石产地，主要产出层位在石炭系太原组，该地含植物化石9种、蜓类化石4种、腕足类化石4种和珊瑚化石。

②莲花洞叠层石

产于古生界寒武系张夏组石灰岩中，形如同心圆状棋子。地质专家称之"叠层石"。它的形成反映了距今约5亿年前浅海中有大量藻类生长，在藻类生长消亡中遗体保留在岩石中形成的藻类化石。

寒武系鲕状灰岩地层中的叠层石产地、岳庄寒武系三叶虫化石产地和尖山奥陶纪化石产地，反映了距今5亿多年来中国古生物演化和古地理环境，是系统完整的地质遗迹，对研究古生代古

地理环境有重要意义。

峪谷峰林，山势雄特

武安所在的太行山，从距今2亿年前后的中生代侏罗纪开始隆起，历经燕山运动、喜马拉雅运动、新构造运动等多次地壳抬升和长期的风化、剥蚀作用，形成了今天的山势雄伟、崖台梯叠、断崖深谷交错其间的构造地貌景观，给人以雄伟壮观的感受。

武安地区山体的强烈抬升，必然伴随剧烈的侵蚀切割，造成深沟陡壁、重崖叠嶂的雄险地貌景观。崖台梯叠、峰谷交织是武安山体的一大特征，在武安的许多陡坡深谷间，往往出现陡崖—平台—陡崖—平台的台阶式地形结构，登山者攀悬崖历险景又步平台享坦途之美，富有强烈的节奏感。

石英砂岩峡谷峰林主要分布在京娘湖、七步沟、古武当山、武华山景区，群峰林立，峡谷危岩，山水相映的旖旎秀丽，绿水红岩的妖艳，吸引众多游客留恋忘返，具有美学观赏价值。

河北武安石英砂岩峡谷峰林地貌，是中元古界长城系石英砂岩形成的红色砂岩地貌。岩壁千仞、雄伟壮观、群峰密集、岩柱通天、景观险峻。它由上而下形成层次清晰的残丘状峰林、宽谷峰林、水上峪谷峰林。峰林顶部分别与新生代古新世北台夷平面、中新世太行期夷平面和上新世唐县期夷平面顶部高程相当，反映喜马拉雅运动一、二、三幕地貌上升过程的科学价值。它以"古、雄、峻、秀"的特色成为石英砂

岩峰林的独特类型。

丹崖碧水、湖光山色

山无水不秀。通常认为，我国南方雨水充沛，自然景观以灵秀的水体取胜；北方雨水较少，自然景观以雄伟的山势见长。而武安地区则因其独特的大地构造位置和水文地质条件，接纳了来自山西高原的大量地表流水及地下岩溶水，形成类似我国南方的水体景观，山涧溪水潺潺、崖壁泉水悠悠；高峡间出平湖、碧水倒影青山。

尤其是在中元古界长城系紫红色石英砂岩分布区。一系列赤壁长崖与串珠状高峡平湖相辉映，山环水绕、环境幽雅。刚与柔的结合，形与色的体现。

京娘湖为第四纪形成的深切峡谷经人工堵截而成，总库容3208万立方米，坝顶全长220米，最大坝高81.3米，坝顶宽10.5米，以坝代路，坝顶中、上部之溢流段有5个孔长11.2米、宽4.1米的平台钢板闸，登高俯瞰，一湖碧水沿红色的山谷蜿蜒，两岸峭壁对峙，峰墙错落有致，一派高峡平湖之风光。荡漾在京娘湖广袤的水面上，苍苍的山、蓝蓝的天、清清的水、红红的崖、静静的湾，宛如一幅山清水秀、北国江南的锦绣画卷。

◀ 赤壁丹崖
◀ 石英砂岩峰林
▲ 水上丹崖
▼ 京娘湖湖光山色

天生洞穴，岩溶奇观

在距今5.13亿～5亿年前，太行山区为浅海，沉积了寒武系鲕状灰岩。燕山运动和喜马拉雅运动使太行山区进一步抬升，鲕状灰岩中的裂隙由充水变为滴水，生成地表岩熔石臼、石象等溶蚀景观和地下溶洞石钟乳、石笋、石柱、石帘等多姿多彩的岩溶景观。

莲花洞岩溶洞穴现已开发长500米、宽2～3米的游览段。洞内发育了多姿多彩钟乳石、石笋等岩溶景观，按钟乳石、石笋的形象称其为垂瓜对亚葫、黄帷罗帐、坐莲诵经、参计入宝瓶、银河宣泄等。

溶洞、石臼、石象的喀斯特地貌景观具有长久的保护价值，是在很长的地质时期形成的，是大自然不可多得的、稀有的地质景观。

▲ 石钟乳
▼ 仙女梳妆

武安地史

地质背景
地质演化

地质背景

华北陆块是世界上少有的古老陆块之一，武安地处华北陆块中部，这里最古老的地层年龄已经超过25亿年。太古宙、元古宙、古生代、中生代和新生代地层被本区复杂的褶皱断裂切割成块，抬升地表，裸露于地面，是一部研究记载地球演变的史册，既有丰富的观赏价值，又有典型的研究和教育价值，是一部大自然著就的"天书"。

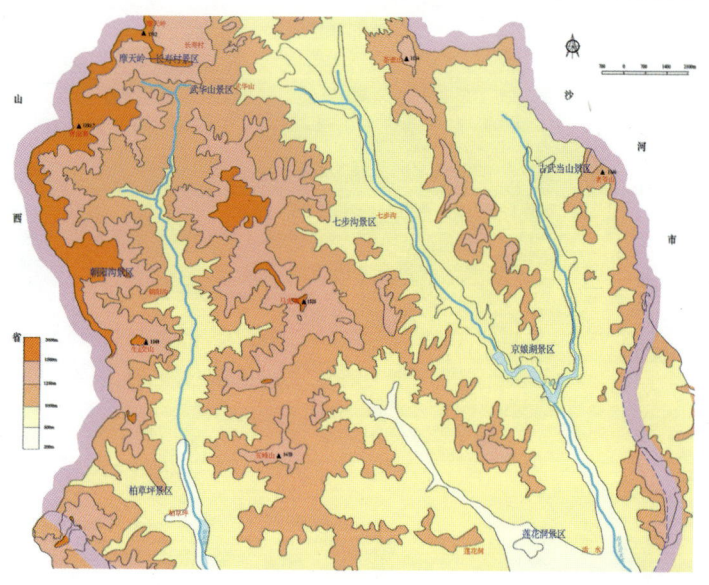

▲ 武安地区地形图
▶ 石英砂岩岩墙
▶ 第四纪玄武岩与中元古代石英砂岩接触形成的烘烤面

地层

河北武安国家地质公园主要出露地层：中太古界变质岩，中元古界长城系，古生界寒武系、寒武—奥陶系和新生界第四系。

中太古界

主要分布于景区的东北部，岩性为含斑角闪黑云斜长片麻岩（深层侵入岩变质）。

中元古界长城系

主要有常州沟组、串岭沟组。

常州沟组：岩性为紫红色、粉白、灰白色中厚层石英岩状砂岩，上部颗粒较粗，局部含砾，或见含砾长石石英砂岩、砂砾岩、波痕、泥裂、交错层发育。厚72～865米，出露于旅游区东部、北部。

串岭沟组：岩性上部为棕紫、黄绿色薄层细粒石英岩状砂岩夹绿色薄层粉砂岩及灰、灰绿色、紫色纸片状页岩；中下部紫、粉红、灰白色、中厚层粗粒石英岩状砂岩夹一层海绿石长石石英砂岩，局部夹页岩、钙质页岩；底部含砾或石英岩透镜体。厚104～254米，广泛分布于南北洺河两侧及旅游区东部。

古生界

寒武系下统：岩性为一套紫红—紫色粉砂质页岩、钙质页岩夹粉砂质白云岩及粉砂质泥灰岩，底部灰色泥灰岩，灰质砾岩与下伏地层分界，且含石盐假晶，厚60～110米，分布于园区的西部和南部。

寒武系中统：上部为厚—巨厚层鲕状灰岩；中下部为紫色、紫红色云母页岩、粉砂质页岩，泥质粉砂岩夹少量绿色页岩、鲕状灰岩及泥晶灰岩。厚284～400米左右，分布于园区西部和南部地区。

寒武系上统：上部薄层状、板状泥质条带灰岩夹厚层泥质条带灰岩及少量砾屑灰岩、泥质粉砂岩；中部灰色厚层泥质条带灰岩夹薄层竹叶状岩和致密灰岩；下部致密灰岩、板状灰岩夹鲕状及竹叶状灰岩。厚49～126米，分布于园区西部和南部。

奥陶系下统：中上部含燧石条带（结核）白云岩，夹少量砾屑白云岩，下部中晶白云岩夹少量砾屑白云岩，底部为黄灰色白云岩。厚138米，主要分布在活水、管陶一带，摩天岭以南有零星分布。

奥陶系中统：有马家沟组、磁县组、峰峰组，主要为灰一灰白色厚层灰岩、花斑状、豹皮状灰岩、白云质灰岩夹三层角砾状灰岩，最大厚度716米。

新生界

更新统：分布于管陶乡柏草坪村一带，岩性为玄武岩。

更新统马兰组：分布于南北洺河河谷Ⅱ、Ⅲ级阶地，岩性为黄土、黄土状粉土，厚5～10米。

全新统：主要分布于南北洺河两侧，冲积层岩性为砾石、砂、淤泥及粘土，厚5米。

构造

河北武安处于欧亚板块，板内华北陆块的阜平—赞皇陆核的南侧。它萌生于中太古代，地质历史达28亿～29亿年。华北陆块陆核的形成与发展，依不整合面为界划分为陆核发展阶段、陆块发展阶段、陆缘发展阶段、陆内发展阶段等四个阶段。

陆核发展阶段

迁西—阜平阶段（2600百万年以前）

早期（迁西期2900百万年）主要遗迹在迁安、迁西一带。

晚期（阜平期2900百万年～2600百万年）阜平期的陆核是经过多次褶皱变形的复合穹状构造，在太行山有大小不一的火山沉积盆地。阜平运动后期（2600±百万年），稳定的穹隆之间发生褶皱、拼贴、垫托、海盆、海槽逐次封闭，并相继固结，第一次克拉通完成。

◀ 奥陶系灰岩中的角石
◀ 第四纪玄武岩块状、枕状、柱状节理不同构造
▼ 中元古代石英砂岩

陆块发展阶段

五台—吕梁阶段（2600百万年～1800百万年）

早期（2600百万年～2500百万年）陆块向刚性演化。其上限为五台群与甘陶河群之间的不整合面，在赞皇一带见其上覆在侵入于五台群的许亭花岗岩之上。在临城地质公园内官都岩群上覆于李家庄片麻状花岗岩上，同时发生裂谷作用。

晚期（滹沱期2500百万年～1800百万年），其上限为滹沱群与长城系之间的不整合，称为吕梁运动面。滹沱期裂谷再次发生，沿裂谷有冒地槽型沉积，地质公园区称为甘陶河群，并伴有火成岩活动，使早元古代裂谷封闭，发生区域低温动力变质，使地壳第二次克拉通化。

吕梁运动在华北具有重要意义：吕梁运动面在苍岩山景区门口，赞皇嶂石岩地质公园内都保留了古元古界甘陶河群与上覆中元古界长城系的角度不整合接触面。在峡谷群景区与武安地质公园的京娘湖景区与古武当山景区都有中太古界赞皇群与上覆中元古界长城系的角度不整合面。

▲ 唐县面
▶ 中元古界石英砂岩与寒武纪组成的长崖峰柱

四堡—晋宁阶段（1800百万年~800百万年）

华北陆块以整体上升为主，但在山海关、蓟县、石家庄、武安到山西黎城一带形成太行—燕山裂谷并接受了长城系沉积。四堡期中期在南太行山拗裂闭合。四堡期晚期在蓟县上升的影响下缺失了蓟县系、青白口系6亿年的沉积，形成寒武系直接上覆于长城系串岭沟组之上的平行不整合。在莲花洞景区的陈家坪地质剖面起始端保留了不整合面遗迹。在晋宁运动中发生塔里木陆块与华北陆块对接事件。

陆缘发展阶段

震旦—加里东期（800百万年~405百万年）

早期（震旦期800百万年~600百万年），华北陆块第一次大部抬升为陆地，华北没有震旦纪的沉积。

晚期加里东期（600百万年~405百万年）

华北整体下沉为陆棚浅海，直到中奥陶世末海水退尽，华北大部再次成为古陆，公园区缺失志留系、泥盆系及下石炭统地层，在奥陶系中统地层遭受长达1亿年的风化剥蚀，并形成1.5~13米的铝土质泥岩，称为准সীম升，这个间断面称加里东面（怀远面）。在武安西石门至郭二庄煤矿之间保留了加里东面的地质遗迹。

华里西阶段（405百万年~205百万年）

华北陆块在晚石炭世地壳升降频繁，接受海陆交替相沉积。在武安国家地质公园园区东部的临城、邯郸峰峰、武安等县（市）沉积了石炭—二叠

地质年代、地层划分、岩浆活动期及地质构造发展简表

地质年代划分及年龄值（百万年）				地质发展阶段、构造期及构造运动		岩浆活动期	主要地质事件	与欧亚大陆构造运动对比	
宙	代	纪/期	年龄值	阶段	构造运动			欧美	北美
显生宙	新生代	第四纪	2.48	陆内发展阶段	喜马拉雅	喜马拉雅	青藏高原升起	阿尔卑斯运动	
		第三纪	66±2				喜马拉雅、藏滇对接 南海开始裂陷	晚斯米运动	拉拉米运动
	中生代	白垩纪	135±2		燕山	燕山	东部环太平洋陆内拗断陷开始活动，大陆造山运动	早斯米运动	
		侏罗纪	205						
		三叠纪	250		印支	印支	藏滇与华南板块遗迹华南板块与塔里木-华北板块对接	华力西运动	阿帕拉契运动
	古生代	二叠纪	285±5	陆缘发展阶段	华力西 喜马拉雅运动 燕山运动 印支运动 华力西运动 加里东运动 张广才岭运动 晋宁运动 四堡运动 吕梁运动	华力西	塔里木-华北板块与西伯利亚板块对接，印度板块北缘、喜马拉雅藏滇、羌中之间开裂，扬子陆块西缘开裂	加里东运动	太康运动
		石炭纪	355±5						
		泥盆纪	405±5				扬子陆块东南固结增生 古中国大陆形成		
		志留纪	435±5		加里东	加里东			
		奥陶纪	500±10				天山—兴安、昆仑—秦岭、南华等陆缘开始发展		
		寒武纪	600						
元古宙	晚元古代	震旦纪	800		震旦 五台运动 阜平运动	震旦		阿森运动	
		青白口纪	1000		晋宁 迁西运动	晋宁	塔里木陆块形成，与华北陆块对接；扬子陆块、华夏陆块形成，并与前者汇合形成原始中国大陆	哥德运动	格林威尔运动
	中元古代	蓟县纪	1400±	陆块发展阶段	四堡	四堡			赫德孙运动
		长城纪	1800±					卡瑞里运动	
	早元古代	滹沱期	2500±		吕梁	吕梁	华北陆块形成		
太古宙	晚太古代	五台期	2600±	陆核发展阶段	五台	前吕梁		肯诺尔运动	
		阜平期	2900±		阜平		华北陆核以及川西、佳木斯、南塔里木等微陆核形成	白海运动	
	早中太古代	迁西期			迁西				

系煤系地层。在华里西阶段，塔里木—华北板块与西伯利亚板块于早二叠世开始接近，晚二叠世在天山—赤峰活动带与天山—兴安陆块的对接完成。标志着塔里木—华北古板块达到最高阶段，海水全部退出。

陆内发展阶段

印支阶段（250百万年～205百万年）

印支阶段大体相当于三叠纪，景区内二叠系与三叠系为连续沉积，仅在峰峰、武安有沉积。在华北陆块上，印支运动表现为吕梁运动期间存在的郯庐断裂，鄂尔多斯西缘断裂的重新运动，新的太行山断裂、紫荆关断裂的产生。基底升降分异也较明显。在此期间华南板块与塔里木—华北板块对接。

燕山阶段（相当侏罗纪—白垩纪）

是华北陆块—太平洋板块和西伯利亚板块运动的影响发生板内（陆内）运动，同时经受太平洋西侧的后扩张，又有显著的伸展作用。首先表现为基底差异升降，华北区由西往东，出现鄂尔多斯沉降带与太行隆起带、华北沉降带与胶辽隆起带。武安

▼ 第四纪玄武岩喷发物——火山弹

国家地质公园受新太行山断裂带形成的影响及差异升降，形成了石英砂岩峰林地貌的成景条件。

喜马拉雅阶段（新生代）

华北拉张作用的持续进行，与华北盆地的整体下沉，太行山隆升，是太行山成为地质公园的主体背景。

矿产

太行山自古就有"铜头、铁腰、金尾巴"之说，这里的铁腰，就是指邢台—邯郸—安阳的铁矿资源，这种接触交代型铁矿，在中国被称为"邯邢式"铁矿，而武安市占了这种类型铁矿储量的2/3以上。此外，武安还盛产煤矿、石灰岩等20多种矿产。武安市已探明的铁矿石资源量5.62亿吨，可采量为4.7亿吨。主要铁矿床类型为邯邢式（接触交代—热液型）铁矿，其蕴藏量占我国邯邢式铁矿总量的2/3以上。武安市境内煤炭资源丰富，为全国重点产煤县之一。已探明储量14.36亿吨，远景储量23亿吨，可开采量16亿吨。主要分布于市境东部，主要赋存于晚石炭—早二叠世的地层（太原组、山西组）中，分属海陆交互相、内陆河湖和沼泽相含煤陆屑建造。武安市为全国58个重点产煤县（市）之一。郭沫若曾有诗赞曰："武安铁矿峰峰煤。"武安市水泥用石灰岩为主的石灰岩资源潜力巨大，有水泥用石灰岩矿产地2处，保有储量10148万吨，基础储量10682万吨，资源量1815万吨，资源储量12497万吨，石膏资源量12027.5万吨。

地质演化

武安国家地质公园所在的太行山区，在漫长的地球历史中，历经各个构造期及构造运动。特别是新生代喜马拉雅运动期，华北地区发生了强烈的裂陷作用，太行山断块山地雏形开始形成，在长期的地球内力和外力的作用下，今天美丽神奇的武安国家地质公园终于呈现在世人的面前。

华北地台在晚白垩世至古新世期，大部地区隆升成山，长期遭受剥蚀作用。进入新生代伴随喜马拉雅运动的开始，华北地区发生了强烈的裂陷作用，在太行山前形成一系列北北东走向的断陷带，太行山和燕山等断块山地雏形开始形成，北东向华北裂谷带开始发育。太行山以东裂谷作用发展到晚新生代，逐渐转为统一的区域性沉降带，最终形成华北盆地。

华北晚新生代全球气候变化所形成的风、雨、水、冰是改造地貌的重要因素。距今1500万～1200万年左右，全球第二次出现阶段性降温。1200万～700万年期间，气温比较稳定。

700万年以后是全球变冷的重要阶段，在中低纬度的高山区出现山岳冰川。在距今700万～250万年的晚中新世—上新世，中国北方出现两次气候变冷过程和一次暖期。第四纪期间全球气候整体向

◀ 武安蕴藏的煤矿石、赤铁矿和磁铁矿
▼ 古武当山长城系石英砂岩断崖峰墙

温凉方向转变的背景下，出现多次冷暖气候交替变化，被划为四次冰期、三次间冰期、一次冰后期。

华北地区武安地质公园地貌的形成是地壳升降运动与水、冰综合对地形改造的结果。研究结果为我们揭示了武安地貌演化过程。

（1）中新世：早期构造运动趋于减弱，华北平原逐渐由裂陷阶段进入整体坳陷阶段，属于太行期夷平面发育晚期，至中新世中期，区域上形成近乎准平原化的太行期夷平面。后期进入喜马拉雅运动第二幕（约15百万～6百万年），区域内发生较大范围的基性火山喷发（如张北地区）和断块整体升降运动，山岳区进入侵蚀切割阶段。山脉相对隆升，区域河流强烈下切，太行夷平面开始解体，华北山谷进入早期的峡谷发育阶段。

（2）上新世（唐县期）：早期在太行期夷平面的沟谷中发育了保德期红粘土层，中晚上新世期间形成上部红粘土（静乐红土，约5.2～2.6ka B.P.）。山谷中在此阶段整体处于侧蚀夷平阶段，进一步形成河流曲流和宽谷地貌。

（3）早更新世：早期为汾河侵蚀阶段，在山岳区河流下切至唐县面之下，河流进入峡谷侧蚀

▼ 三级夷平面

河北省及邻区的第四纪沉积物的岩石地层、年代地层和气候地层划分对比表

引自《河北省地质旅游资源形成背景和开发保护研究》

阶段；中期为泥河湾堆积阶段，河谷中发育阶地砾石层；晚期为清水期侵蚀阶段。

（4）中更新世：早期气候经历多期冰暖波动，华北大部分区域表现为洞穴堆积期（周口店期）红色砾石层。晚期沉积了离石黄土。

（5）晚更新世：早期属清水期侵蚀，山区河流下切40米左右，形成拔河35～45米台地；中期为下马兰黄土堆积；末期为五家台切割，垂直下切20米左右。

（6）全新世：河流下切，在山区形成拔河10～15米的河流阶地。

经对比发现，侵蚀期往往与相对温暖或潮湿气候相关，而堆积则大多与相对于冷的气候相对应。

太行山区鉴别出太行夷平面（或甸子梁夷平面），它们介于北台面和唐县面之间，形成于第三纪的夷平面。综合前人研究成果发现，层状或阶梯状地貌是太行山地区最重要的地貌特征。

武安国家地质公园山地的山顶，山腰到山麓，依次保存着北台期（标高在1900～2500米）、甸子梁期或太行期（标高在1200米）和唐县期夷平面（标高在500～600米），并呈现出明显的垂向多层分布和纵向过度分布的特征。

太行山区地形地貌研究是最为成熟的地区，各专家论证有一定差异，1996年吴忱等综合前人的研究成果提出太行山区层状阶梯状地貌特征。

2007年，赵逊教授等总结了太行山区地貌特征：太行山地区的地貌特征主要体现在不同类型和不同世代的地貌面或地貌体在垂向上相间分布的层状地貌组合特点或不同类型的地貌形态组合，在河谷纵向上进行有序交替变化，并且上述地貌发育特征在太行山区的各个景区内往往有不同形式的表现。需要指出的是，除了夷平面、阶地和山谷等地形—地貌在垂向上呈层状分布外，该

华北及邻区晚新生代地文期划分与对比表

地层测年代	地文期分	年龄(Ma)	维理士(1907)		安特生(1919)		巴尔博(1929)		德日进(1934,1941)		卞美年(1957)		刘东生,王克鲁(1964)		李吉均等(1989,1996)		吴忱等(1996-1999)	
			侵蚀期	堆积期	侵蚀期	堆积期	侵蚀期	堆积期	侵蚀期	堆积期	侵蚀期	堆积期	侵蚀期	堆积期	下切期 侧切期	堆积期	侵蚀期	堆积期
Q₄		0.0025		汾河期		板桥期		板桥期		现代与冲积石堆积		次生黄土		皋兰期	T₀堆积		段曲期 卢龙期 皋兰期
Q₃		0.01 0.025 0.1 0.13				马兰期		马兰期		马兰期 辽河期		马兰期		马兰期 周口店第二地点	马兰黄土	冰后期 下切 板桥期	板桥期 上部 下部	清水期
Q₂		0.5 0.73			汾河期	清水期		清水期		清水期 二期 周口店第13地点	未名期	清水期 周口店		高石崖黄土 上部 下部	洞川期	周口店期 漫水期
Q₁		1.6 2.48					三门期		"Z"期 沿河期		沿河期 汾河期	"Y"期 漫水期 保德期	汾河期 午城黄土		漫水期 汾河期	黄河放纳的黄河放纳入 T6 东山组	三门期 静乐期
N₂		3.4 5.2		唐县期		唐县期		汾河期 红土与砾石堆积		静乐期 保德期		"X"期		保德期	唐县期	保德期
N₁		24.3						唐县期		唐县期		唐县期			唐县期 黄 乎	唐县期

引自《河北省地质旅游资源形成背景和开发保护研究》

区的岩溶洞穴也同样显示出层状分布的特点。综合不同景区的岩溶洞穴可以发现，它们常常集中出现在上述的"盘状"、"U"形或"V"形等谷地的谷壁下部或谷肩部位，大致相当于海拔1100～1200米、700～800米和200～500米等高度附近。另外，在多数景区内常见的发育在河谷纵剖面上、有序排列的岩坎与跌水和裂点与瀑布等地貌景观，实际上也是一种独具特色的纵向上的层状地貌组合。

▼ 武安典型的太行山峡谷地貌

人文历史

历史沿革
红色革命老区
多彩的地方文化

历史沿革

> 武安春秋属晋，战国为赵之武安邑。秦灭赵后，武安属邯郸郡。王莽新朝时，改武安为恒安，东汉初复名武安。西汉初置县，属魏郡。当时县城在今市区西南50里固镇。固镇位于洺河北岸，西通秦晋，既为交通要道，又为兵家重地。"武安"一词，含"凭借武力获取安定"之意。

武安春秋属晋，战国为赵之武安邑。秦灭赵后，武安属邯郸郡。王莽新朝时，改武安为"桓安"（"桓"即为"武"之意），东汉初复名武安。西汉初（前202～前195年）设置县，属魏郡。当时县城在今市区西南50里固镇。固镇位于洺河北岸，西通秦晋，既为交通要道，又为兵家重地。"武安"一词，即"以武取安"之意。隋代县城移至今地。唐武德元年（618年）以来，武安先后改属紫州、慈州、洺州、慈州。元至元二年（1265年），武安并入邯郸县，明洪武元年（1368年）武安仍属磁州。清雍正四年直属彰德府。民国初废府置道，武安属河南省河北道。民国十三年道废，直属省政府。1937年以来，先后改为武南县（1941年）、武磁县（与磁县一部分合并后1942年成立）、武东县（1944年）。1945年县城解放，原磁武县、武东县撤

▲ 磁山文化陶俑
▶ 磁山文化遗址
▶ 磁山文化发现地

销,设置武安县。1946年,恢复武安县原建置。1949年,武安县由河南省划归河北省邯郸专区。1958年,撤销武安县,西部并入涉县,东部划归邯郸市,称武安矿区。1961年,恢复武安县原建县。1988年10月6日,取消县建置,更名武安市,为省属县级市,由邯郸市代管,素有"太行明珠"之称。

磁山文化遗址位于河北省南部武安市磁山村东约1千米处的南洺河北岸台地上,东北依鼓山,距武安城17千米,是我国最初发现的一种新的新石器时代早期文化遗址,距今约7300年,突破了新石器时代仰韶文化考古的年代,因其具有典型的代表意义,考古学上定名为"磁山文化"。

1933年首次发现于河北武安磁山的磁山文化大约出现在公元前5400~公元前5100年,它与裴李岗文化一样是华北新石器时代早期的重要文化。磁山文化主要分布在冀南、豫北等地。1973年发掘。年代约为公元前5400~公元前5100年(最新鉴定为距今约1030~8700年)。居民经济生活以原始农业为主,农作物有粟。以石镰、石铲、石刀、石斧与柳叶形石磨盘为生产工具,石磨盘附有三足或四足,造型独特。饲养狗、猪等家畜,兼事渔猎。制陶业较原始,处于手制阶段;椭圆口盂、靴形支座、三足钵与深腹罐等为典型陶器。陶器表面多饰绳纹、篦纹及划纹等。住房是圆形或椭圆形的,都是半地穴式建筑。储藏东西的窖穴发现较多。该文化与裴李岗文化关系密切,有人把两者连称为"裴李岗·磁山文化"。该发现填补了中国早期新石器时代文化的重要缺环。

　　1972年发现的磁山文化遗址，总面积近14万平方米。1976～1978年在这里进行了三次发掘，至1978年底，发掘面积达6000平方米，文化层厚1～2米，不少窖穴深达6～7米。出土了陶器、石器、骨器、蚌器、动物骨骸、植物标本等约6000余种，为寻找我国更早的农业、畜牧业、制陶业的文明起源，提供了可贵的线索。如果说，在7000多年前，地球上许多地方还是鸿蒙未开的话，而这里的人们已经种植谷物，饲养家禽，制作生产、生活用具，烧制陶器……进入了人类最早的文明。

　　我国已故著名考古专家夏鼐先生指出："磁山文化遗址的发现是我国新石器时代考古的重大突破。"它为研究和探索我国新石器时代早期文化提供了丰富、宝贵的地下实物资料。

　　在遗址发现了两座房基址，均为半地穴式房屋。在房基遗址器物中，有一烧土块，沾有清晰可辨的席纹，说明在7300年前这一带编制苇席，由此也可

想象苇席给人们生活带来的极大便利,考古学家称此器物为全国之最。

◀ 磁山文化农作物种子
◀ 磁山人生活场景复原
▼ 磁山红陶

磁山遗址共发掘灰坑468个,发现其中88个长方形的窖穴底部堆积有粟灰,层厚为0.3～2米,有10个窖穴的粮食堆积厚近2米以上,数量之多,堆积之厚,在我国发掘的新石器时代文化遗存中是不多见的。

磁山文化考古发掘证明了磁山不仅是世界上粮食作物——粟的最早发源地,也是世界上家鸡的最早饲养地,还是中国家猪和中原核桃最早的发现地,其发现还填补了我国新石器研究的空白,是我国北方的重要原始文化类型。

为加强磁山文化遗址的文物保护,1994年开始兴建磁山文化博物馆。博物馆占地1公顷,展厅南北长44米,东西宽13米,分南北两大部分,南厅主要有石磨盘、石磨棒、砺石、生产和生活用具、陶制计数丸球、陶器、石球、占蓍草器等;北厅主要有骨器、动植物骨器、小叶扑、胡桃、猪狗骨骸以及小陶器、灶盘、祖形器等。展厅内还利用现代声光电技术制作了模拟新石器时代生活场景,再现了

7500年前新石器时代人类的生活状况。

磁山文化是中国华北地区的早期新石器文化，与农业起源、伏羲文化、周易发展演变、中国历法的形成、制陶业的发展、数学、美学、建筑学等有着直接关系，是邯郸十大文化脉系之首，是中华文化和东方文明发祥地之一，在中国有着非常重要的地位。

武安西倚太行，东望平原，自古即为东西交通孔道和军事重地。沿南洺河北岸，自西而东分布有固镇、午汲、店子等战国时代古城。战国时，赫赫有名的苏秦、李牧都曾被封为"武安君"。秦国为瓦解六国的合纵抗秦策略，曾两次派人来武安设盛宴、散重金，离间六国主张合纵之士。赵国名将马服君赵奢曾经武安驰救阏与；曹操攻邺（今临漳）曾亲率兵攻境内毛城，断袁尚上党（今长治）粮道；李世民曾夜决洺水，战刘黑闼军；晚唐时，李克修与孟方立也曾战于武安；金、元大兵曾沿太行南下至武安攻彰德（今安阳）；元、明时，境内固镇等处仍为关防重地，驻兵把守；闯王李自成扎老营于武安，并战败号称骁勇的左良玉；太平天国军也曾攻克武安，挥兵北上；民国时期军阀混战，武安是必争之地。

武安冶炼历史久远。战国时即开采铁矿，西汉时全国设铁官49处，武安为其一，固镇存有汉代炼铁遗址。宋代设三冶使于苑城，矿山村之宋代炼铁炉至今犹存。元、明时，曾设铁冶提举于固镇、设炉官于阳邑。

武安商业向称繁华。明嘉靖《彰德府志》有"武安最多商贾，厢房村墟罔不居货"的记载。晚清及民国时期，尤以县外商业称著全国。药商曾垄断东北三也。各地药商于古祁州（今安国）均以省或联省立帮，唯独武安以县立"武安帮"，可见规模之盛。

红色革命老区

武安为革命老区,在共产党领导下的武安人民进行了可歌可泣的英勇斗争。解放战争中,武安成为后方基地,广大民众参军参战,踊跃支前。晋冀鲁豫首脑机关曾先后两次驻扎武安,许多党和国家领导人董必武、刘伯承、邓小平、薄一波、杨秀峰等曾生活和战斗在这里。刘伯承、邓小平诸领导人于此指挥作战,领导土地改革。

武安是著名的革命老区,境内红色旅游资源相对集中而且丰富。早在1925年,党就在这里播下了革命的火种,在抗日战争时期、解放战争时期,许多老一辈无产阶级革命家曾战斗、生活在这里,武安人民为中国革命事业做出了巨大的牺牲和贡献。1945年11月~1948年5月,晋冀鲁豫中央局、晋冀鲁豫边区政府、晋冀鲁豫军区司令部都曾驻扎在武安冶陶,刘伯承、邓小平、徐向前、薄一波等老一辈革命家生活战斗在这里。另外,这里又是《人民日报》创始阶段的驻地之一,还有抗日战争时期八路军第二大兵工厂——梁沟兵工厂,朱德、彭德怀、刘伯承等领导多次到这里视察。革命先烈在武安叱咤风云,撼天动地,把革命烽火燃遍太行内外,留下了宝贵的革命遗迹,这些遗迹今日仍存,被列为革命传统教育基地、爱国主义和国防教育的基地,是红色旅游的重要组成部分。他们在抗日战争和解放战争中发挥了重要作用,是我们开展革命教育和践行科学发展观的宝贵资源。

中国共产党在革命战争年代在武安建立了许多丰功伟绩。其中三大会议——华北财经会议、大军南征会议、边区土地会议最为著名。

在中国革命史上,武安是1945年获得解放的。当时,全国有19个解放区。武安属晋冀鲁豫边区管辖,是边区党政军首脑机关所在地,是"最安全的地方"。1947年解放战争进入关键时期,为"动员

◀ 磁山文化石雕人像
◀ 武安富铁,自古冶炼
▲ 华北财经会议旧照

一切力量,全力准备反攻",消除各解放区经济拮据局面,中共中央在1947年1月3日发出《关于召开华北财经会议的指示》,受中央委托晋冀鲁豫中央局于1947年3月25日至5月11日在武安冶陶村召开。出席会议正式代表17人,列席代表38人,薄一波为大会主席。根据华北财经会议决议,报经中央批准成立华北财政办事处。1947年4月16日,中央向晋冀鲁豫中央局、晋察冀中央局、华北局、晋绥分局以及董必武、朱德、刘少奇等同志发出《中央关于成立华北财经办事处及任董必武为主任的决定》。指出:为争取长期战争的胜利,中央决定在太行成立华北财经办事处,统一华北各解放区财政改革,调剂各区财经关系。1947年5月15日,根据中共中央和毛主席"大举出击,经略中原"的指示,中共晋冀鲁豫中央局、晋冀鲁豫军区在武安冶陶村北药王山普光寺召开了大军南征会议。组织群众参军参战,支援前线,保障部队的后勤供应,为刘伯承、邓小平率领的刘邓大军强渡黄河千里挺进大别山做出了贡献。1945年11月11日至13日,邓小平主持召开晋冀鲁豫边区中央局全体会议,决定在全区发动群众,开展大规模的减租减息和生产运动。1946年中共中央颁发"关于土地问题的指示"即《五四指示》,全区土改运动开始。1947年7月至9月,中央在西柏坡召开全国土地会议,讨论通过了《中国土地法大纲》。为了贯彻全国土地会议精神,执行《中国土地法大纲》,晋冀鲁豫中央局于1947年10月2日至12月26日在武安冶陶村窑洞召开边区土地会议。边区中央局、军区、边区政府以及所辖冀南、太行、太岳、冀鲁豫区的县(团)级以上干部1700多人参加了这次会议。此后,边区中央局开始在武安搞试点工作。由人民日报社、边

区文联等机关组成工作组,深入到武安十里店、赵庄、河西等村庄,开展土改复查和民主整党工作,为全国解放后进行土改工作积累了丰富的经验。

毛泽东虽然没有来过武安,但他与武安紧紧相连:号召开展"高树勋运动"。为《人民日报》题写报头。在武安赵庄出版《毛泽东选集》。毛主席为冶陶题词。

1945年10月,毛主席结束重庆谈判刚回到延安,就发电指示晋冀鲁豫中央局和军区:"即将到来的新的平汉战役,是为着反对国民党的主要力量的进攻,为着争取和平局面的实现。这个战役的胜负,关系全局极为重大。"刘伯承和邓小平遵照党中央和毛主席的指示,及时将兵力部署情况用电报回报给党中央,得到毛主席的肯定和赞同。晋冀鲁豫军民坚持军事打击的同时,积极开展统战工作,分化瓦解国民党军队,经过大量细致工作,终于使国民党新八军军长高树勋在邯郸战场宣布起义,退出内战。1945年10月31日起义部队撤离战场,开

◀ 晋冀鲁豫中央局旧址
▲ 梁沟兵工厂遗址
▲ 刘伯承、邓小平

往武安伯延镇接受改编。1945年11月2日，红色电波从延安传到武安，毛泽东主席、朱德总司令向高树勋发来贺电："建侯将军吾兄勋鉴：闻我兄率部起义，反对内战，主张和平，凡属气血之士，莫不同声拥护，特电驰贺，即颂荣绥。"高树勋成为国民党军队内战前线起义的最高将领。部队起义后，根据毛主席的指示，经高树勋同意，在武安改编为民主建国军，高树勋任总司令。11月10日，在武安伯延举行了隆重的建军大会，通电全国，产生了巨大的政治影响。毛主席在延安号召开展"高树勋运动"。

晋冀鲁豫人民日报创刊于1946年5月15日，其报头最初用的是毛主席的集字；6月底，薄一波从延安带回了毛主席为人民日报的亲笔题词，一纸四个字，有两个是毛主席满意的，其中一个被选为7月1日的报头；1948年6月15日起，晋冀鲁豫人民日报和晋察冀日报合并为华北局机关报，毛主席又重新题词；1949年8月，人民日报成为中共中央机关报。

中华人民共和国成立之前出版的篇幅最大、内容最丰富的一部《毛泽东选集》在1947年夏天编成发排，1948年春，由位于武安赵庄得的华北新华书店印刷厂印制完成。全书分上下两册，16开本，共1025页，每页18行，每行52个字。有紫红色和深蓝色布面精装本两种，印刷2000册。

1951年9月和1952年8月，受毛主席和党中央的委托，河北省人民政府主席杨秀峰两次率团慰问武安老区人民，均带着毛主席的亲笔题词"发扬革命传统，争取更大光荣"，该题词至今仍在晋冀鲁豫中央局旧址内保存着。

多彩的地方文化

> 武安是著名的地方戏曲之乡，现留存黄河流域惟一的古傩戏，被称为"戏剧的活化石"，拥有平调、落子两个地方剧种，在我国县（市）中极为罕见。武安平调落子在2005年被评为国家级非物质文化遗产。

朝阳新曲

豫剧《朝阳沟》的作者杨兰春是武安列江村人，他以列江村当地的风土人情为素材，同时受现实生活中的"栓保"、"银环"、"老支书"的感染，反映城市知识青年扎根农村、同传统观念决裂的主题渐渐形成，编排了豫剧《朝阳沟》。1963年长春电影制片厂把它拍成戏曲艺术片，反映了新一代青年男女的新恋爱观，以其经典的豫剧唱腔和朗朗上口的唱词，立即风靡全国，在知识青年中产生了广泛影响，唱响了祖国的大江南北，公映了近半个世纪，受到了社会各阶层的青睐，剧情曾经影响了几代人，特别在华北、中原一带，影响颇广，至今人们还津津乐道。朝阳沟这片热土孕育出了豫剧《朝阳沟》，而《朝阳

◀ 《人民日报》社编辑部旧址
▼ 《朝阳沟》剧照

▲ 武安平调耍牙表演
▶ 武安傩戏

沟》又带动着朝阳沟向前稳步发展——河北武安的朝阳沟人借助"《朝阳沟》之父"杨兰春的名人效应，全力进行文化品牌、旅游品牌的深度开发，在市场经济的大舞台上将"朝阳沟"这场大戏唱得红红火火……

武安平调

武安地方戏曲，全国独有的地方剧种。流行于河北省邯郸市的武安、涉县、磁县、邯郸县、永年、曲周、大名、临漳，邢台市的沙河、邢台、南宫，以及豫北、晋东南地区。传统剧目有200多出，多为反映历史故事、神话、民间传说的大型剧目。平调行当齐全，有"四梁八柱"和"十二行"之说。"四梁"指红脸、黑脸、旦角、小生。"十二行"即四生、四旦、四花脸。表演风格粗犷豪放，崇尚特技。唱腔属梆子腔系，板腔体，五声徵调，主要板式有慢板、二八板、二板、散板、垛板、倒三梆等，还有少量的杂曲小调，如《一串铃》、《打枣干》等。代表剧目《盘坡》、《徐策跑城》等。

武安傩戏

武安市民间艺术,俗称"抓黄鬼"。相传这一民间活动始于明代,是武安西南山区一带在元宵节期间开展的一种大型民间艺术活动。"黄鬼"是指在人间行凶作恶,不忠不孝,甚至害死父母的孽狂。其表演角色百余个,分天上、人间、地狱三个方面。天神有玉皇大帝、判官、大鬼、二鬼、三鬼、探马等。"黄鬼"一般扮演为叫花子,头发和全身涂成黄色,四肢有插入肉中的刀,鲜血淋淋,哆哆嗦嗦,成为整场戏捉拿和行刑的对象。"捉黄鬼"表演自晨2时开始,先由大鬼、小鬼和探马巡逻开始。天亮后由玉皇大帝出场,布置各种任务。演至中午,阎王出场,布置审判堂,由大鬼、二鬼、三鬼将黄鬼捉拿刑场,处以抽肠剥皮之刑。整个表演一直进行到晚上。参加表演的各种人物达450人之多,还需马、骡近50匹,整个场面十分壮观。

武安傩戏分布在武安市西南部的固义村,北部的白府村、得意村,东北部的南田村,东部的康宿村、东通乐村等。目前保存至今的只有固义村和白府村。固义傩戏祭祀的神灵是玉皇大帝、城隍、财神、土地、关公等道教神灵,有较悠久的历史渊源,从固义傩戏的规模、阵容和角色来看,有宋代宫廷大傩的遗风。白府傩仪《拉死鬼》的实质是驱除滞留村中无人祭奠、危害人畜的野鬼,最后把死鬼拉到用柴禾与纸钱袋堆成的"蒿里山"上烧死。人死后鬼魂归宿蒿里山的观念,早于下到阴曹地府的说法。这充分说明该村《拉死鬼》历史的久远,但具体起始年代待考。固义队

戏中的特殊角色掌竹,是我国宋金杂剧引戏人"竹竿子"在当今的遗存,有戏剧"活化石"之称;固义队戏的演出形式对研究中国仪式戏剧发生、发展有重要的学术价值。白府傩仪《拉死鬼》对研究民间鬼魂归宿观念的演变提供了实例,体现农耕社会的人们对人畜平安的美好向往。

武安落子

武安地方戏曲,全国独有的地方剧种。通常与平调同台演出,角色行当比较齐全,主要有小旦、青衣、小生、小丑、老生,缺少花脸,武丑,历史上小生、小旦戏分工不严格,常常互相兼演。传统程式很少,舞台美术服装道具较简单。落子戏的唱腔旋律简单,既能叙事又能抒情,使用武安方言,具有一股强烈的太行山区乡土气息。代表剧目《端花》、《借髢髢》。

武安快板

武安市民间艺术。是当地文艺园地一朵鲜艳夺目的奇葩。它语言通俗、诙谐、生动、活泼、形象,具有浓郁的武安地方特色和农民生活气息,为武安乃至邯郸广大观众所喜闻乐见,它诞生于解放初期,距今约有50多年历史。其以顺口溜的形式,长的二三十句,短的十来八句,配上板鼓、梆子、小锣来伴奏就像武安落子戏的数板,但说起来比数板节奏更加明快干脆,因为演说时用的武安方言,故取名叫武安快板。开始时单人演说,后来发展双人对着说,名曰对口快板。再此后又编成了带故事情节,像小戏一样的多人分角色演说的快板,取名快板剧。以后,武安快板、对口快板、多口快板、锣鼓快板、快板剧就在武安大街小会逢年过节和各种文艺活动中成为观众喜闻乐见的文化艺术演说形式。

土山诚会

"土山诚会"历史久远。土山碧霞宫始建于明朝隆庆元年，重修于清朝乾隆三十九年，有碑文记载。传说由西土山村姓单、翟、郭、冯、韩、杨几家大户，在康熙初年，朝拜北顶奶奶庙（北顶位于沙河市境内），许下宏愿，年年朝拜、岁岁贡彩，至乾隆二十一年献彩，途中遇祸，误伤人命，官府牵缠，甚是苦恼，便拜请于北顶元君为神，在乡间立行宫，岁岁奉祀，每逢贡彩，必朝北顶，迎请元君，得邀神诺，元君亲点福地，金钗落地，即为神坞。去请元君回来时，恰逢大雾，伴请元君乡众迷失方向，误行至东土山村东，在原有已经残塌的圣母庙前，金钗换手落地，问明神意，会同东土山社首（村上管事者），在旧庙处新建碧霞殿宇，修塑金身，此后四方香客络绎不绝，神灵显达无比，从此两村一社每逢辰、戌、丑、未，和平之年，举办一次诚会，即三年会一次，四年两头会，从此碧霞元君诚会，一次大于一次，盛景隆重，壮观无比，

◀ 武安快板
▼ 土山诚会

后虽沧桑轮变，几经兴衰，但文化传统却被保留下来。"土山诚会"具有如下基本特征：一是规模宏大、场面壮观，每次诚会都是东、西土山两个村联合演出（活动）参加人数多达万人，时间长，整个仪式（活动）三天半时间。二是诚会所供奉的是天仙圣母碧霞元君，请十八路神位来为诚会助兴服务，不供奉。三是形式多样，内容丰富，内容有择日仪式、请神、迎圣旨、印、出驾、稳驾、安神等，活动节目有少林班、标枪马队、蓝旗、抬阁等六十多种演出内容。盛况雄壮可观，旗牌伞扇五彩缤纷，整朝鸾驾金光灿烂，其声势之宏大，人员之多在中原大地是仅有的壮观景象。"土山诚会"体现了两村村民祈求平安、社会安宁、村村团结、户户和睦的美好愿望，对人们进行团结、和谐、孝敬父母，与人为善的伦理道德教育，具有强烈的道德教化作用，对认识和研究当地的民间信仰习俗具有重要的价值。

东通乐赛戏

"通乐赛戏"流传于武安市北部的大同镇东通乐村。据东通乐村现存的手抄赛戏都本封面上"道光八年"、"光绪二十四年"、"同治十年"、"同治十三年"、"光绪十六年"、"光绪十七年"的字样可知"东通乐赛戏"至少已从清道光年间流传至今。最早的形成起因和时间，现已无从查考。数百年来，该村村民有信奉土地神的习俗，为敬奉土地神，每年元宵节期间从正月十三到正月十六，从早到晚，都要举行大型的赛戏演出活动，以祈求风调雨顺，村民吉利平安，年景丰收等。这些活动由本村庞姓家族负责组织。年前农闲时间已着手准备，演出费用均由村民集资解决。东通乐村现存赛戏都本有数十部。内容多是反映各朝代历史的剧目，如《幽州》、《三关》、《广武山》、《夜打登州》、《千秀岭》、《潼关》、《八义》等，它们多以唐宋、三国、春秋等历史朝代为内容，还有神话传说，如《八仙庆寿》，生活故事《大头和尚戏柳翠》等，每本戏的演出时间不等，少则几十分钟，一两个小时，多则三四个小时。

◀ 赛戏活动

游览武安

京娘湖景区
古武当山景区
朝阳沟景区
七步沟景区
长寿村景区
莲花洞景区
优秀旅游城市

武安山川秀美，旅游资源丰富，拥有5大类、38种旅游资源基本类型。近年来，武安依托丰富的自然资源和人文景观，遵循"八百里太行山水，一万年磁山文化，多彩武安，长寿乐园"的定位，以打造"太行三峡"休闲度假旅游区为目标，累计投入开发资金50亿元，培育出了京娘湖、古武当山、长寿村、朝阳沟、东山文化博艺园、聚龙山莲花洞、天慈峰林、盛名度假村、磁山文化遗址、晋冀鲁豫中央局旧址、七步沟、太祖山、十六沟、玉皇山庄、红山寺等著名景区，形成了红色革命圣地游、绿色太行风情游、古色中华文明游三条旅游线路。先后被评为国家地质公园、国家森林公园、国家矿山公园、国家级水利风景区、国家级自然保护区。2007年荣获中国优秀旅游城市、中国优秀旅游目的地称号。古武当山、朝阳沟于2009年被评为河北最美30景。古武当山、长寿村于2010年被评为河北省农业旅游示范点。

京娘湖景区

京娘湖景区位于武安国家地质公园的中心位置，是公园的核心景区，因脍炙人口的"宋太祖赵匡胤千里送京娘"的故事得名。凭借"精品峡谷甲天下，湖光山色胜江南"而成为旅游风景区和避暑胜地。京娘湖风景区包括高峡平湖、仙灵峡、宋祖峡、京娘峡、怒狮昂首、神龟探头、雄鹰俯视、屯山积粟、神女舍粟、叠桥戏月、驼峰竞秀、妆寒潭遗恨、云崖寄志、古岩飘绵、青峰开屏、危岩藏经等景致。

京娘湖景区是武安国家地质公园的核心景区，位于武安国家地质公园的入口，面积15平方千米。景区中一泓碧水为拦河筑坝而成，湖面6.67万平方米，两边峡谷成倒"人"字形，由既各具特色、又浑然一体的"太行三峡"——京娘峡、宋祖峡、仙灵峡三条峡谷组成。京娘湖景区海拔高度800米左

◀ 武安交通旅游图
▼ 京娘湖全景图

National Geopark of China 中国国家地质公园丛书

右，构成了武安地质公园"三层式"景观的最底层，是水上峡谷峰林的杰出代表。

这里，峰林岩柱峭拔直耸，浮雕圆凿千佛壁立，千仞绝壁一线悬空。京娘湖周边的红色石英砂岩生成于距今18亿~14亿年前。而今日潋滟水光之上的峡谷峰林地貌景观则是岩石经多次构造运动，并长期受侵蚀、剥蚀等地质作用而逐渐形成的。

▲ 生成于18亿年前的砂岩
▲ 京娘湖景区景点分布图
▶ 丹崖飞瀑

地质博物馆

武安地质博物馆位于京娘湖大坝西侧，就地取景，依山傍水而建，博物馆区建设充分利用博物馆周边的自然景观，将博物馆、地质宾馆、地质广场、主题碑、主题游园、标志文化墙等，按照中国古代风水学上左青龙、右白虎、前朱雀、后玄武的理想格局有机地结合起来，使自然景观与人工建筑浑然一体，现代建筑文化与古代建筑文化互渗透，形成馆园一体化的创新理念。是一座集学术交流、科学研究、教学实习、科普教育、观光游览、度假休闲、娱乐购物、住宿餐饮于一体的综合型地质博物馆。主馆布展分为籍武安邦、地球之窗、远古海洋、山色湖光、玉蕴金藏等五大展厅，布展方式以图表、模型、场景、标本、虚拟现实等多种手段向游客展示地球的奥秘、生物的演化以及武安博大精深的地质地貌和丰富的矿产资源，使游客在休闲娱乐中，获得地球科学知识，深层次的了解武安国家地质公园。

主题碑

主题碑位于博物馆前地质广场西侧，为一块距今25亿年前的太古宙片麻岩，上面书写着"河北武安国家地质公园"字样，这个岩块来自武安地质史上最古老的结晶基底，经受了几十亿年来的地质运动与构造作用，用这块岩石作为主体碑材质，寓意着武安国家地质公园有着坚实的地质基

础，它也将成为武安国家地质公园的主题标志。

京娘湖（水库大坝）

京娘湖位于河北武安市西北30千米处的活水乡境内，相传宋太祖赵匡胤千里送京娘途径此地而得名，是由水库大坝横阻于门道川与常社川入口处而形成的人工湖泊。湖面蜿蜒15千米，水面面积178.2万平方米，游览区总面积18.5平方千米。水库大坝为浆砌石重力坝，高81米，长185米，坝顶宽10.5米，水库容量3200万立方米，在溢流段上建有交通桥。一坝雄踞，宛如银壁，截断"两川"云雨，高峡出平湖。纵情于山谷幽壑之间，高山流水，鸟语花香，登高望远，松峰云海，旭日霞光，令人心旷神怡。晚霞夕照，平湖泛舟，渔歌唱晚，恍然置身于江南水乡。

碧水丹崖

门道川与常社川的水体之上，是中元古界紫红色石英砂岩形成的一道道赤壁长崖，这些长崖棱角分明，排列有序，与崖下的水体结合形成了山水相依、环境优雅的碧水丹崖，造就了一种颇

◀ 京娘湖水上峡谷
◀ 地质博物馆
▲ 国家地质公园主题碑
▼ 石英砂岩岩墙

具特色的"落霞与孤鹜齐飞，秋水共长天一色"靓丽景观。

环视影屏——赤壁丹崖（单面岩壁）

环视影屏位于常社川，它是一种典型的单面崖壁。单面崖壁是中元古界长城系紫红色石英砂岩，在新生代第四纪抬升形成的巨型断层面。由于岩石中的铁矿物氧化而形成鲜艳的红色，在植被的映衬下，犹如万绿丛中一线红，构成一幅雍容华贵、超凡脱俗的画卷，宽阔宏大，刀削斧劈，如一巨幅影屏，所以又叫环视影屏。

神女粮仓

神女粮仓位于常社川东侧，是大自然鬼斧神工之笔。这是一种独特的地貌，太行山在隆起过程中，长期遭受空气、水流、风力的地质作用，使古生界的碳酸盐岩棱角不断风化圆滑，就逐渐形成这种独特的坡缓顶圆残丘状苍穹地貌，酷似粮仓，为寄托美好的愿望，名曰"神女粮仓"。

▲ 赤壁丹崖
▲ 神女粮仓
▶ 紫红色石英砂岩
▶ 仙灵峡

紫红色石英砂岩

构成峡谷的紫红色岩石，主要是石英砂岩、长石石英砂岩夹薄层粘土（页）岩，它们都属于沉积岩，形成于距今大约18亿～14亿年前后的中元古代，当时这里并不是陆地，而是海洋。岩石中发育的层理和丰富的波痕、泥裂，都是当时海洋环境保留下来的珍贵地质遗迹，是研究地球历史的好标本。

仙灵峡

仙灵峡位于常社川的出口处，全长350米，是红色石英砂岩中的一组大型垂直节理在经流水千百万年的垂直下切侵蚀形成的一条壁立障谷，被下游人工大坝的堵截，蓄水成湖。谷底是一泓碧水，两岸是壁立千仞的陡峭崖壁，传说因峡谷深邃，显神仙灵气，而得此名——仙灵峡。

一线天

一线天位于仙灵峡。京娘湖沿岸的厚层状石英砂岩中，倾角近于90°的垂直节理十分发育，这处"一线天"是由一条连通性较好的、密集

的垂直节理带，经风化剥蚀、流水侵蚀、崩塌等地质作用演变而成。由于峡谷很窄，仰望苍天，天成一线，故名"一线天"。

节理——岩石的伤痕

岩石上可以见到许多有规律的纵横交错的裂缝，这是由于岩石受力作用超过一定强度极限时，岩石遭到破坏所产生的不连续形变裂隙。地质学上把裂开面的两侧没有明显位移（眼睛能看清楚）的裂隙称为节理，而把裂开面两侧有明显位移的裂隙称为断层。节理和断层都是岩石中普遍发育的一种常见的地质遗迹。可以清楚的看到，此处的裂缝开面两侧没有明显

的位移，因此称之为节理。

神龟探海

神龟探海是一块巨大的石英砂岩象形石，是典型的砂岩球状风化形成。由于砂岩在不同的部位，沙粒的大小、形状、含量、结构、构造以及胶结物成分都不相同，在后期暴露地表、遭受风化剥蚀时，就会产生差异球状风化，抗风化能力强的部分就会形成凸起，抗风化能力差的部分，就会凹进去。眼前的这块岩石，风化后的造型与乌龟十分相像，卧于山顶，酷似一只神龟俯视水面，故名"神龟探海"。

贞义岛

贞义岛位于京娘湖倒"人"字形的岔端，是京娘湖北侧的一个半岛，正是由于它的存在，将京娘湖上游的水体一劈两半，也使京娘湖的景观值得到极大的提升，成为太行山水上砂岩峰林的经典地段。贞义岛实际上是一条山脉，构成山脉主体的红色石英砂岩形成于距今18亿～14亿年的中元古界，燕山运动以来，在山体隆升和水蚀切割作用下形成的北东与北西向裂隙山谷，由于京娘湖大坝的修建蓄水成湖，造就了三面环水的山顶半岛状地貌——山顶半岛公园。现为自然保护

◀ 石英砂岩垂直节理
◀ 一线天
◀ 神龟探海
▼ 贞义岛

▲ 宋祖峡
▼ 百丈岩瀑布
▶ 滴翠潭
▶ 京娘峡

区,有大片原始次生林,森林覆盖率98%以上,常年气温平均19℃,夏季平均气温26℃。身临其境,四季如春;加之植被茂盛,负氧离子浓度高,俨然一个天然氧吧。

白虎洞

位于贞义岛上,这里的洞穴是由于地质作用造成石英砂岩岩石破碎,受水流冲刷、侵蚀而形成的天然洞穴,上边有一个大洞,下边有一个小洞。据说造湖之前,洞中住着许多白虎,所以叫白虎洞。

宋祖峡

位于门道川,是一条石英砂岩障谷。传说京娘投潭自尽后,赵匡胤决心奋发图强、以求大业,便雄心勃发,在此处悬崖上题《咏日》诗一首:"欲出未出光辣挞,千山万水如火发,须臾走向天上来,赶却残星赶却月。"宋祖峡因此得名。

京娘峡

位于门道川,是一条石英砂岩障谷。原名三层门,后以此处所传赵匡胤千里送京娘的故事而改称现名。这里峭壁高悬,若乘舟入谷,仰望蓝天一线,俯视碧水一带,大有"峰与天相接,船在天上行"之感。

百丈岩瀑布

位于门道川，是流水沿红色石英砂岩崖壁飞流直下而形成的瀑布景观，其落差达60余米。近看若万匹银练悬挂于红岩绝壁，遥望似银河倾斜自天而泻，崖下浪花翻腾，如抛球卷雪，滚珠溅玉，声似沉雷常鸣，震荡山谷，远闻数里。

滴翠潭

位于门道川内宋祖峡与京娘峡之间，由于门道川到此河谷弯曲而且较宽导致水流变缓而形成的水体景观。相传这里是京娘投水自尽的地方。赵匡胤千里送京娘，一路上对京娘百般呵护。京娘对他产生了爱慕之情，在路上，眉目传情，一会儿说脚崴了，趁势倒在赵匡胤的怀里；一会儿说骑马累了，撒着娇让赵匡胤搀扶；到了搭衣岩时，京娘要以身相许，赵匡胤想："大丈夫天下未得，怎么能留恋儿女情长?"便婉言谢绝，京娘羞愧难当，第二天便在梳妆台上梳妆打扮，然后跳潭自尽了。后来，赵匡胤称帝后，封她为贞义夫人。

古武当山景区

古武当山以优美山色、山势奇特、五峰相望、植被繁茂、原始森林、满山葱郁著称。古武当山分为六大景区36个景点，显现着大自然的灵气，最著名的有"阳山奇观"、"大鹏展翅"、"神猴献瑞"、"毛公峰"、"鲁迅峰"和"太极掌"景区。拟人拟物，栩栩如生，一步一景，步移景换，千奇百怪，令人心旷神怡。

古武当山景区位于地质公园东北部，面积11平方千米，为中元古代长城系石英砂岩被北北西向和北东向断裂切割而成的断块山。最高峰海拔1437米，相对高度达600米。山体拔地而起，红岩峭壁，巍峨壮观，山前山后都出露断层构造的遗迹。

古武当山由距今25亿年前形成的新太古界片麻岩和距今16亿~14亿年生成的中元古界石英砂岩组成，两个地层的接触面记录了该区10亿年间的地层沉积间断。距今2.05亿~6500万年的燕山运动使太行山区地面抬升，并形成古武当山西侧的断层，造成

▶ 古武当山景区景点分布
▼ 北台奇峰

石英砂岩断壁绝岩；再经过多年风化剥蚀，便形成今日红岩峭壁的地貌景观和象形山"毛公峰"、"太极掌"、"茶壶山"、"大鹏展翅"、"双龟对背"、"神猴献瑞"、"阳山奇观"、"鸡冠山"等景观。

古武当山五峰并立，圆脑峰与航景峰之间有石桥相连，玉皇顶峰和航景峰之间有索桥相通，要不是两桥飞架，还真是难以逾越的天堑。而正是这些鸿沟把山体分割成"空中峰林"，构成了武安地质公园"三层式"景观的最顶层。

凤凰山

凤凰山山顶为紫红色的石英砂岩石墙，石墙顶部的造型酷似雄鸡的鸡冠，原名鸡冠山，是一座断层山，其

东侧有条近南北走向的断层，山下是距今25亿年前形成的新太古界变质岩，山顶是距今16亿～14亿年形成的石英砂岩，变质岩上植被茂密，形似凤凰的尾、翅，山顶石英砂岩形似凤凰头颅，其顶紫红色石英砂岩近似凤冠，故改名凤凰山。

波痕

眼前的岩石表面，我们可以看到一条条类似波浪的痕迹，在地质学上叫波痕。波痕是在水和风的作用下，表面的砂质沉积物在迁移过程中所形成的层面遗迹，形状极似水的波浪。这里是滨浅海相环境中的沉积物在波浪的影响下形成的波状痕迹。它对研究地层沉积过程中水流的方向、流速的大小及古气候具有重要意义。

第四纪冰川遗迹

第四纪冰川是地球史上最近的一次冰川活动，距今约200万年，这个时期冷暖交替，冰川移

▲ 凤凰山
▶ 羽状交错层理
▶ 中元古代波痕遗迹

动造成岩石表面出现擦痕。据地质专家考证，此种地貌属第四纪冰川遗迹。有关地质文献记载，20世纪60年代，地质部长李四光曾经带队来邢台、武安交界处考察过冰川地质遗迹。

划剑石、磨针石

划剑石是从崖壁上崩落下来的巨型岩块，在崩落跌入谷底的过程中，由于强大的撞击力，使岩块沿节理面裂成两半，因破裂面平直完整，就像剑划过的痕迹一样，故称划剑石。磨针石是由于这块岩石的质地细腻，颗粒均匀，它又是一块天然的磨针石。后人根据历史故事赋予了它们文化内涵。

层理

第四纪冰川是地球史上最近的一次冰川活动，距今约200万年，这个时期冷暖交替，冰川移动造成岩石表面出现擦痕。据地质专家考证，此种地貌属

第四纪冰川遗迹。

羽状交错层理

在古武当山盘龙道上大量分布，交错层理指岩层内的细纹层有规律地与沿层面斜交所表现的层纹构造，是沉积岩的一种基本构造形态。16亿～14亿年前后的中元古代时期，这里是滨海沙滩

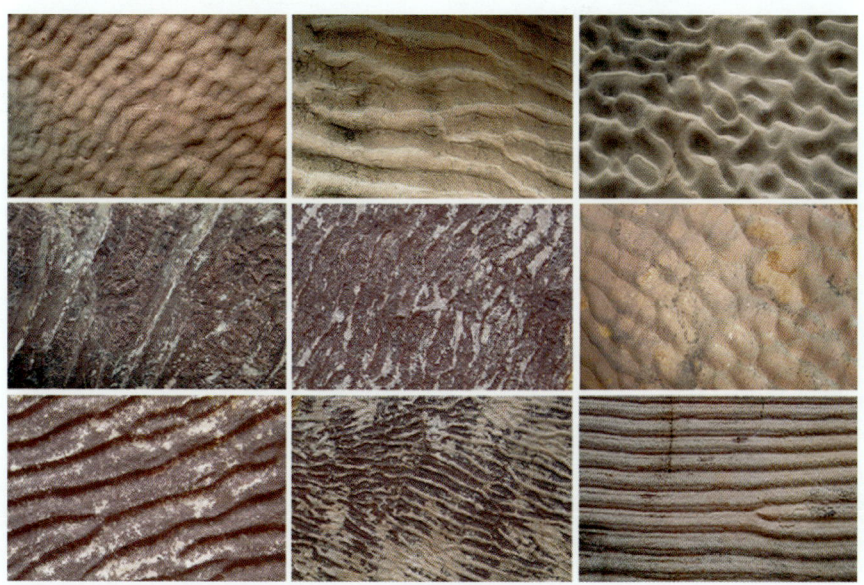

环境，潮涨潮落产生的双向水流，使此时沉积的石英砂岩细层纹方向正好相反，形成了十分优美的羽毛状和人字形的层系。

楔形交错层理

在古武当山盘龙道上大量分布，它是一种呈楔形的交错层理，层系上下界面平直，各层系内细层的倾向或同或异，可能是在异向水动力条件下形成的，楔形斜层理的形成环境是河口湾沙坝沉积、海相障壁海滩沉积以及单向水（河）流的横沙坝、纵沙坝、斜沙坝在前进途中的彼此叠覆形成的。

泥裂

在古武当山盘龙道上大量分布，泥裂是由于沉积物露出水面，暴露在空气中，经蒸发干涸收缩形成，是一种泥质沉积物干燥收缩的裂隙，大小不一，形态各异。沉积物表面形成龟裂面，常见于河漫滩、海岸、潮间带的上下。

百草泉

"百草泉"名称的由来是这样的，由于古武当山上长着许多名贵药材，诸如何首乌、柴胡、大黄、白芨等，大气降水常年浸泡着各种药材，溶入各种药材组分后，下渗到中元古界石英砂岩地层中，受下部紫红色页岩隔水层的阻隔而溢出地表形成泉水，就成了著名的"百草泉"。

双龟对背

位于古武当山主峰，是一块象形山石，由中元古界长城系石英砂岩组成。因岩石二组节理裂隙受长期风化剥蚀而形成的象形山。站在山顶宾馆可以远观双龟对背。

阳山峰柱

站在金顶远观可看到阳山峰柱奇观，这是石英砂岩峰柱。

◀ 楔形交错层理
◀ 双龟对背
▲ 中元古代泥裂遗迹
▼ 阳山峰柱

朝阳沟景区

朝阳沟景区是武安市首家评为国家4A级的旅游景区,是豫剧《朝阳沟》的创作原型地,是著名作家杨兰春先生的出生地。大自然的鬼斧神工,打造了这里的山高林密、坡陡风险、洞谷幽深、沟壑纵横、流水清澈、绿草萋萋的奇异景观,森林覆盖率在90%以上,生长着数千种草木植物。在方圆20多平方千米的景区内,名优胜景点达200多个。

▲ 朝阳沟景区景点分布
▲ 高山草甸
▶ 回音壁

朝阳沟景区位于武安国家地质公园西北部,面积20平方千米,是一处以戏剧《朝阳沟》原型故事发生地和山岳自然景观为主以红色旅游为辅的一处休闲度假乡村旅游目的地。这里群山连绵,峰峦叠嶂,悬崖绝壁,巨石嶙峋,主峰马峰岩海拔1776米,为冀南第二高峰。山体的上部是石灰岩地貌,

下部由紫红色石英砂岩构成。森林覆盖率占景区总面积的90%以上，朝阳沟是一条东西走向的山谷，山顶是平缓的中山草甸，山腰是茂密的次生林，北坡是郁郁葱葱的橡树林，南坡为松树林，沟谷内布满了层层梯田，是一个天然的"大氧吧"。景区阳春花木繁盛、百鸟争鸣，盛夏泉水清澈，流水不断。登顶远眺，全景区尽收眼底，心胸开朗，令人心旷神怡。地质科普线路上主要地质遗迹有马峰岩、圣母洞、跌水岩、回音壁、九龙潭等景观。

回音壁

地质学上称为围谷，又称"Ω"形谷，是太行山构造地貌中典型的负地貌类型之一。从平面上看，这种围谷是向沟谷下游开口的弧形谷；从三维空间看，是一圈椅状。因围谷的岩壁多为中元古界紫红色石英砂岩，岩石质地坚硬有回音效果，故命名为回音壁。

高山草甸

草甸是一种独特的生态景观，它是分布在气候和土地湿润、无林地区或林间地段的多年生草本植物群落。摩天岭、七步沟南天门情侣峰海拔1000～1700米的山顶上是大片平整、茂密的亚高山草甸。春夏之际，山顶一片翠绿，草长莺飞，绿浪翻滚，间杂着各色小花，塞外草原风光竟在太行山地出现；秋冬季节，茅吐白絮，冰封山顶，又是一派雄浑的北国风光。山腰为珍贵的原始次生林，沟谷里是层层梯田，落日照晚、牧童骑牛、樵歌互答，真是一幅天然画图。

七步沟景区

七步沟风景区是一处以奇险的山景和明秀的水景为主体的山岳型自然风景名胜区。景区内山势陡峭,山荫苍萧,林木葱茏,绝壁飞岩,重峦叠嶂,鸟语花香。自然景观与人文景观俱佳,置身于七步沟景区,游客可以真实体会到沟壑之幽静、山之奇秀、水之媚现、洞之玄奥,实乃人间佳境,旅游胜地。

▲ 七步沟景区景点分布
▶ 天门山
▶ 天门湖

七步沟景区位于武安国家地质公园中部,京娘湖景区西北,主体是由两条回路形的峡谷组成。这里是空中峰林和谷地峰林的完美组合,两侧是崖墙型山峰,崖顶是密集的"石林峰"。七步沟的石台、崖墙、石柱,体积较大,结构清晰,分布相对集中,其两层峰林相对高差达300米,是研

究两个期次峰林、峰丛地貌演化的绝佳课堂。

在这条科普线路上有峰林、峰丛、峰柱、峰墙、方山、套谷、不整合面等地质遗迹。

天门山

位于景区入口处正对面，峰体为中元古界红色石英砂岩，四面悬崖峭壁，顶部平缓，地质学上称为方山。

它们像两尊山神守卫着七步沟大门，是大自然的奇妙造化。透过这两座山门，七步沟景区的万千气象依稀在目，给人以无限的遐想和期待。

天门湖

位于景区入口处天门山下，是第四纪深切峡谷经人工堵截而形成的水体景观。山崖倒映水中，风来影动，涟漪微泛，美如画面，果然是"峰高鸟跃仞，湖小月藏身，林静彩蝶舞，风清洗

心尘"。因天门山倒影映在水中,而得名"天门湖"。湖光山色,美丽壮观。湖的东南角建有阅水亭,倚栏阅水,意味深长。由此向北,丰水季节可在水坝上淌水而过,嬉戏玩闹;由此向西,沿湖边曲折弯延的这座桥叫曲桥,寓意是生活的道路总是曲折而光明,行走其上,可以感悟人生的真谛。

滑雪场

七步沟滑雪场建有国际标准的中级滑雪道、初级雪道和练习道各1条,飞碟雪道1条及儿童娱雪区。滑雪场拥有德国的造雪机、意大利的压雪车、日本的雪板以及更多国际知名品牌滑雪器具,日接待能力可达2000人次。滑雪场存雪时间长达120多天,庞大的人工造雪系统覆盖了每条雪道,使滑雪场更具有雪质好、雪量大、雪期长的优势。2000平米的滑雪接待大厅设有雪具房、咖啡屋、快餐厅、雪上用品店、医疗急救室和滑雪学校等服务设施,游人可在滑雪教练的指导下,尽情体验雪上运动的新奇与刺激。滑雪场集运动健身、餐饮、娱乐为一体,让您在群山环抱、白雪皑皑间可以尽情地享受冬日阳光,感受冰雪乐趣。

天镜湖

天镜湖是七步沟水体景观的极品。此湖位于百瀑峡水体的中段,千回百转的峡水至此沿悬崖跌落下来,形成了一挂美丽的瀑布。山壁上的泉眼叫"玄泉","玄"字取自老子《道德经》里的一句话,"玄之又玄,众妙之门"。瀑布的下方是一汪巨大的深潭,

水深足有二十多米。令人称奇的是，这一汪清澈深绿的潭水被环形的高山三面围抱，只留东方一面形成了天然的水坝。可能是因为高山环抱对风的阻挡，这片湖水十分幽静，水平如镜。如从西岸贴水向东看去，水面上清晰地倒映着美丽的蓝天和远山，给人童话般的感觉。有人把天镜湖与九寨沟相比较，说天镜湖的水可与九寨沟的水媲美，因此，天镜湖也可以有个别名——小海子。

南天柱

位于景区西部，是石英砂岩节理、坍塌、风化后形成的峰柱，高百余米，拔地而起，耸入云端，四周地势低洼，远望凸显出它的孤峰特点，故名"南天柱"。近前，抬头仰望，四壁陡峭，似刀切斧劈。峰体造型奇特，从不同角度观赏，形态各异，当地之人又称该峰为"生命之根"。

◀ 七步沟滑雪场
▲ 天镜湖
▲ 南天柱

▲ 马武寨
▼ 南天门（情侣峰）

马武寨
　　位于野莓谷尽头山顶，是一座寒武纪灰岩峰墙，流水沿着断裂带深切形成的沟谷，把山体分割成一道高近百米、长数百米、两侧均是悬崖绝壁的石墙。它海拔1680米，传说这里曾经是帮刘秀

建立东汉的大将马武的练兵场所，故称"马武寨"。登高远望，绵延太行尽收眼底。马武是东汉时期的大将，字子张，南阳湖阳人（今河南湖阳镇人）。西汉末年王莽篡位，马武为恢复汉室揭竿而起，在此安营扎寨，屯田练兵，后归顺刘秀，攻邯郸，打王郎，南征北战，平定四方，东汉建立后，任捕掳将军，封为杨虚侯。

南天门（情侣峰）

位于野莓谷内，是寒武纪石灰岩经节理、风化、剥蚀而形成的墙状峰柱。峰柱东部是天然形成的石门，石门耸立在山顶，高达20多米，门宽也有8米，石门高大雄奇，门口吞云吐雾、仪态万千，似有仙人进进出出，俨然是一座天宫之陲的南天门。石墙的西部有两块大石放在墙头上，两石的距离很近，造型酷似一男一女的头像，观此绝景，不能不让人想到是一对情侣，在那齐天的石墙上万古厮守，永相倾诉，十分动人。

石林峰

位于藤萝沟尽头的山顶，是一片寒武系灰岩峰林，它是流水沿着断裂带深切形成的沟谷，把山体分割成两侧均是悬崖绝壁的石墙，顶部由于碳酸盐固有的可溶性，石墙的顶部常常表现为峰丛、峰林，构成这里独特的地貌景观。

新太古界与中元古界地层不整合面

位于罗汉川内部，这里看到的是

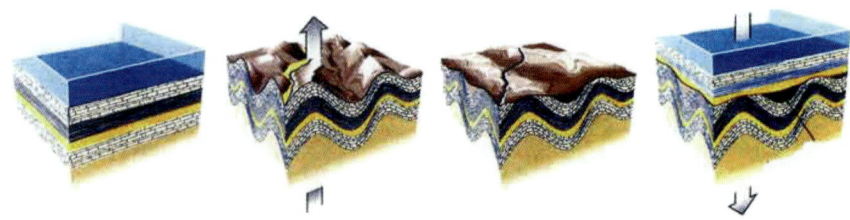

25亿年前形成的新太古界片麻岩、变粒岩与16亿~14亿年形成的中元古界长城系石英砂岩不整合接触面，反映了距今25亿~16亿年地壳构造运动与地层沉积间断，新太古界片麻岩在地貌上呈缓坡，长城系石英砂岩则呈陡立的绝壁。二者之间的接触界面成为不整合接触面，简称不整合面，由于上下两套地层的产状差别太大，故又称角度不整合面，这是地质学中的专业术语。

◀ 角度不整合形成过程
◀ 石林峰和新太古界与中元古界地层
▲ 战地医院旧址

战地医院旧址

1941年，日军大举进攻八路军太行根据地，战斗频繁，伤员增加，为了及时救治伤病员，太行军分区决定在七步沟设立医疗分所。这里依山傍水，沟深林密，便于隐蔽和防守，是伤员治疗休养的好地方。战地医院条件简陋，整个医疗所总共二十几个医护人员，伤病员多的时候却达到上百人。

七步沟村庄规模不大，不仅供应医务人员的吃住，还要安排手术房、病房、药房等。病床不够用时，村民就把自己的门板拆下来给伤病员用；烧水煮饭取暖消毒等燃料，全靠村民上山打柴。七步沟村民不仅要完成上级分配的做军鞋、送军粮任务，还要无偿地分担医院的工作。七步沟这个小小的山村，为中国的反法西斯战争做出了牺牲和贡献。

七步沟石笋峰美景

长寿村景区

长寿村景区位于武安国家地质公园北部。相传长寿村原名艾蒿坪村,因自建村以来,村民少病绝癌,世代长寿,寿命均在85岁以上,故称"长寿村"。景区有通天峡、马刨泉、龙盘树、长寿园、仁寿洞等众多景点。在村边山崖旁有长寿泉,据说:人若饮泉水一口,能活九十九;终身饮用,百病皆祛。

▲ 长寿村景区景点分布
▲ 长寿村
▶ 马刨泉
▶ 长寿泉
▶ 通天峡

　　长寿村景区位于武安国家地质公园最北部,是一座以长寿文化为主题,以地质景观和生态资源相烘托的休闲疗养型景区。坐落在地堑式构造的山坡上,地层主要由中生界寒武系紫色页岩和鲕状灰岩组成。地质科普线路上有一线天、溶洞、裂隙泉、寒武系地层剖面等地质遗迹。

长寿村

　　长寿村原名艾蒿坪,坐落在地堑式构造的山坡上。山由中生界寒武系紫色页岩和鲕状灰组成,山上有郁郁葱葱的原始次生林,林中生长了100多种天然药材,大气降水在良好的植被中涵蓄,经过药材根茎浸泡过滤，渗透到了寒武系紫色页岩隔水层上，沿岩石裂隙汇聚成泉。长寿村环境优雅、空气清新，村民日常饮该泉水后能强身健体、延年益寿，自建村以来，村民少病绝癌，世代长寿，寿命均在85岁以上，成为远近闻名的"长寿村"。

通天峡

通天峡又名一线天，长100米，宽8~10米，谷深300米。谷底观天，天成一线，山顶俯谷，看万丈深渊。它是长城系红色石英砂岩垂直裂隙经流水长期侵蚀切割而成。抗战期间刘伯承将军带兵登山，赞此峡上能"通天"，从此取名"通天峡"。

马刨泉

马刨泉系长寿村水系，位于长寿村口古道之侧，水质甘洌纯净，历经千年，涌流不息，相传赵匡胤千里送京娘

至此，顿觉人困马乏，筋疲力竭，口干舌燥之际其坐骑赤麒麟于此处奋蹄刨掘，倏有泉水汩汩涌出，立解困渴，后人称该泉为马刨泉，为下降泉。

长寿泉

长寿泉是长寿村民世代饮用的清泉，这里山上生长着100多种天然药材，经过其根系吸收交换后的水分渗入

古生界寒武系地层中，汇聚成泉。分为长寿三泉，第一泉为暗泉，用于居民日用和灌溉之用，第二泉为明泉，用于生产"长寿泉"矿泉水，第三泉为连翘泉，名字的来历归于连翘这种药材，山上长有数万亩的连翘林，因而其下的泉水，本身就含有了连翘的成分，对人体大有裨益。

十里长沟——天然氧吧

长寿村植被茂盛，气候湿润，雨水充足，遮天蔽日的原始次生林中长满了漆树、山桃、榆杨、黄栌、银杏、板栗树等几十种珍贵的树木和100多种天然药材，而且生长异常挺拔苍翠，绿意如滴，经环境专家科学检测评估，负氧离子含量高达3500～4000个/立方厘米，有天然氧吧之称，人行走其中深吸一口气，顿觉神清气爽，精神百倍，登山的疲惫一扫而去。

长寿洞

寒武纪灰岩受流水侵蚀而形成的天然溶洞，洞内的钟乳石造型千姿百态、蔚为壮观。溶洞的形成是石灰岩地区地下水长期溶蚀的结果，石灰岩里不溶性的碳酸钙受水和二氧化碳的作用能转化为微溶性的碳酸氢钙。

雾罩摩天岭

摩天岭海拔1724米,极顶玉皇庙时隐时现于雾中,距今约5.13亿年,这里曾经是一片汪洋大海,沉积了巨厚的岩层,距今2亿年以来,在燕山运动和喜马拉雅运动以及新构造运动的作用下,使太行山不断隆升,形成了迄今海拔1724米的摩天岭,因其山势高耸矗立,常有云雾缭绕其间,似有摩天之境。

寒武系地层剖面

距今约5.43亿年,由于海平面上升,华北陆块的中南部处于一个半封闭的浅海沉积盆地环境,形成了寒武系的连续沉积。自下而上分别是寒武系下统紫色页岩夹薄层灰岩、中统徐庄组、张夏组、上统崮山组、炒米店组、三山子组,寒武系地层剖面是这一地质历史留下的珍贵地质遗迹。

◀ 十里长沟——天然氧吧
▲ 雾罩摩天岭
▲ 寒武系地层剖面

莲花洞景区

莲花洞景区位于地质公园南部,是国家森林公园、国家地质公园。是一个以寒武系灰岩形成的溶洞景观为主,以寒武纪典型剖面和叠层石化石遗迹为辅的自然景区。溶洞内石钟乳、石柱、石笋、石花、石幔、石瀑布琳琅满目,包罗万象;溶洞外层峦叠嶂、龙吟虎啸,是一处集自然景观、人文景观、文物遗迹为一体的景区,是休闲度假旅游之胜地。

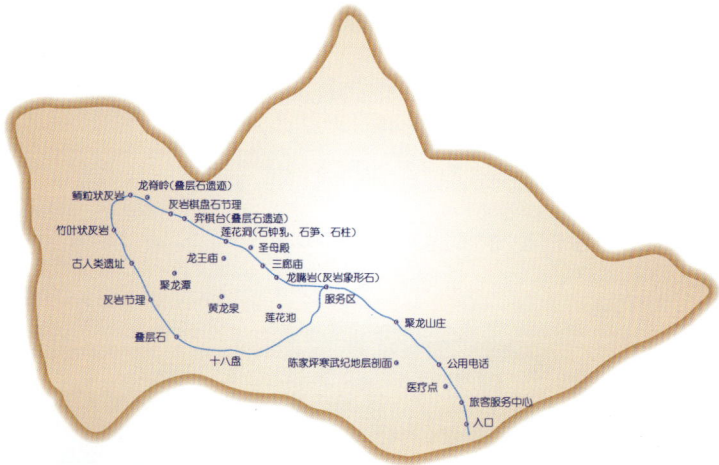

▲ 莲花洞景区景点分布
▲ 莲花洞
▶ 叠层石遗迹

莲花洞位于聚龙山半山腰,发育在寒武系碳酸盐岩地层中,是一个断裂岩溶洞穴。在地壳抬升之前,这套碳酸盐岩地层处于饱水环境下,地下水首先沿着断裂破碎带冲刷、溶蚀,贯通形成地下暗河。随着地壳的抬升,地下水位下降,地下河变成旱洞,地表降水,沿着岩石中发育的节理、裂隙渗入地下,通过洞穴壁滴入洞中,生成钟乳石、石花、石幔、石耳等多姿多彩的岩溶景观。莲花洞已开发出长约300多米,有水、旱二洞,旱洞的石钟乳、石柱、石笋、石花、石幔、石瀑布琳琅满目,包罗万象;水洞之内一汪甘泉清澈见底,汩汩不绝。观赏价值极高。

叠层石

莲花洞景区叠层石位于聚龙山半山腰，形成于距今约5.13亿年的寒武纪中期。

藻类是含叶绿素和其它色素的低等植物。从距今5.43亿年的寒武纪开始，海洋中的动物开始向多元化发展，史称"生命大爆发"，而海洋中的植物还停留在藻类阶段，但是，这时的藻类已经极度繁盛，当时的鲕粒滩上，到处都是藻类形成的礁体，三叶虫等海洋动物攀爬在礁体之上，或嬉戏、或觅食，优哉游哉。由于藻的生长速度远远大于沉积物沉积速度，它比周围同时期沉积物要高，成岩以后，就形成了圆丘状、岗岭状和不规则状等形态，纵剖面呈向上凸起的弧形或锥形叠层状，如倒放的一叠碗一样，故名。

陈家坪寒武系地层剖面

陈家坪寒武系地层剖面位于莲花洞景区入口处，是一个有底有顶出露完整的地层剖面，从地层沉积岩中可以知道距今5.43亿～4.9亿年间，华北地台的中南部还处于一个半封闭的浅海沉积盆地环境。沉积了一套稳定的地台型浅海碳酸盐建造。距今约5.43亿年，地壳开始缓慢沉降，形成寒武系沉积。自下而上分别是寒武系下统紫色页岩夹薄层灰

岩，中统徐庄组、张夏组、上统崮山组、炒米店组、三山子组鲕状灰岩或白云岩，反映了当时滨浅海相沉积环境和干旱—半干旱气候条件。陈家坪寒武系地层剖面是这一地质历史留下珍贵的地质遗迹。

龙嘴岩

位于聚龙山山腰，是一处寒武系灰岩象形石，龙嘴的形成主要与碳酸盐岩中发育的两组节理及层理以及后期的风化作用有关，两组节理的切割，使岩石呈块状突起，后期的风化作用沿层面进行，使层理面张开，形成龙嘴。

鲕状灰岩

该处的鲕状灰岩形成于距今约5.2

亿年的寒武纪中期。

从距今5.43亿年的寒武纪开始，随着古气候的变暖和海平面上升，武安所在的太行山地区变为典型的陆表海环境。这是一种现已消失了的古海洋类型。温暖的海水浅而动荡，富含过量的碳酸钙成分，这些过量的碳酸钙成分沉积在海水中飘浮的小碎粒表面,随着海水的涨潮落潮,小碎粒周而复始的悬浮沉淀,过量的碳酸钙一次次的沉积包裹小碎粒,就形成了鲕粒或豆粒。大于2毫米的称为豆粒,小于2毫米的称为鲕粒。由鲕粒或豆粒组成的碳酸盐岩石,称鲕粒灰岩或豆粒灰岩。

竹叶状灰岩

该处的竹叶状灰岩形成于距今5.2亿年前后的寒武纪中期。

竹叶状灰岩是一种由圆形、椭圆形扁平砾石平行排列组成的石灰岩,在垂直切面上砾石的形状像竹叶而被称为"竹叶状灰岩",属寒武系碳酸盐类的沉积岩。这些竹叶状灰岩反映了浅水海洋动荡的沉积环境,它的形成是由碎石集散于海里,经海水长年冲击、侵蚀,慢慢变成类似橄榄状碎石块,一般长0.3～10厘米,后又经地壳运动、沧海变迁,渐渐被一种钙质胶接、粘合、挤压在一起。沧海变为陆地后,这些合成石块在地壳的变化中露出地面,受雨水冲刷、风化等外力作用而变成今天的模样。这种岩石在我国北方寒武系和奥陶系的石灰岩中广泛分布。

◀ 龙嘴岩
◀ 鲕状灰岩
▼ 竹叶状灰岩

优秀旅游城市

地处晋、冀、鲁、豫四省交界的武安市,"太行独峰,洺水双环",先后被评为中国优秀旅游城市、园林城市。除了武安国家地质公园外,全市还散布着众多的风景名胜、历史古迹和人文景点,吸引着越来越多的人来武安旅游,武安正成为一个闻名遐迩的旅游圣地。

冶陶晋冀鲁豫中央局和军区旧址

中共晋冀鲁豫中央局,晋冀鲁豫军区旧址位于武安市城西偏南25千米处的冶陶镇冶陶村内,是一处近现代革命遗址。1946年,国民党撕毁停战协议,占领张家口之后,全面发动内战,扬言占领邯郸,毁灭边区。为使边区主力部队减轻保卫邯郸的沉重负担,边区首脑机关迅速由邯郸郊区返回武安,驻扎在冶陶镇。解放战争时期1946年10月—1948年4月,中共晋冀鲁豫中央局、晋冀鲁豫军区和晋冀鲁豫边区政府部分机关,曾驻此地。刘伯承、邓小平、董必武、薄一波、徐向前、王宏坤、滕代远、李达等老一辈革命家曾经战斗和生活在这里,著名的"华

▼ 冶陶晋冀鲁豫中央局和军区旧址

北财经会议"、"大军挺进大别山南征会议"、"土地会议"、"整党整风会议"在此召开。中央局、军区下属各单位分别驻冶陶村和冶陶附近各村,晋冀鲁豫边区政府驻三王村,当时冶陶村家家户户几乎都住过部队上的人,其中重要旧址达三十几处。防空洞17座,地道300余米。从1946年10月~1948年春,中共晋冀鲁豫中央军、晋冀鲁豫军区进驻冶陶一年零七个月时间,1948年春,边区政府迁往平山县西柏坡。当年冶陶村成为晋冀鲁豫边区秘密首府,是解放全中国的唯一后方指挥部。目前旧居、防空洞和许多重要文物保存完整。2006年,被国务院公布为第六批全国重点文物保护单位,是爱国主义和国防教育的基地。

武安舍利塔

武安舍利塔位于城区塔西路与迎宾路交叉处东北角,现武安宾馆前,原妙觉寺之南,建于宋元祐六年(1091年),为妙觉寺附属建筑。明万历三十八年(1464年)。

舍利塔为空心砖结构楼阁式塔。塔身横断面为八边形,边长3.4米,高38.71米,分13层。第1、2层塔身较高,以上逐层递减。塔身第1层设有东、西二门,西门通向第1层塔心室,塔心室内北壁石造像东子砖上刻有"元祐六年八月五日"题;进东门拾级而上直达第10层。除在塔檐1至2层和2至3层间设有平座外,其他各层均不设平座。四斜面除2层设盲窗外,其余为素面。各层檐下均施斗拱。整个塔体简洁无华,比例匀称,挺拔秀丽,

各层檐下均施砖制斗拱,斗拱下是砖制丁字形兰额及普柏枋,并有带卷刹柱头。舍利塔除第1、2层塔身较高外,其上各层逐层递减。塔身上部做仿木结构兰额、普柏枋及圆柱,柱头做券刹。普柏枋上做仿木结构砖制斗拱及橡飞,塔檐施砖制"滴水"。

武安舍利塔是冀南地区现存年代最早、保存最好、塔身最高的宋代古塔,其建造手法及整体造型简朴无华,比例匀称,挺拔秀丽,武安舍利塔已成为武安的标志性建筑。

禅房寺

位于城区西北35千米管陶乡禅房村,是一座佛教群体建筑,坐北面南,建于南北中轴线上。南北长54米,东西宽20米,建筑面积1080平方米,有山门、前殿、钟鼓楼、大殿、后殿、伽蓝殿、东西配殿等。由于年久失修,现仅存钟楼、鼓楼、大殿、后殿等四座建筑。该寺始建年代无考,现存建筑为明清形式,但有明清前的做法和建筑构件,如大殿举析比例,宝状莲柱础和浮雕龙门石墩等。保留了元末至明代早期的建筑风格和造型技术,具有重要的研究价值。

东山文化公园

东山文化公园是位于武安市内,是一座集武安市古文化、现代文化、民俗文化、民间艺术文化、戏剧文化、红色文化等为一体的文化公园。东山文化公园是一处文化观赏、度假休闲、餐饮娱乐为一体的高品位大型文化游乐园,占地面积500亩,分为文化园区、地质园区、植物园区、游乐园区、风情文化

娱乐园区、水上乐园区、接待服务区等七大部分。东山文化园以弘扬地方特色文化为契机，融丰富的武安文化于秀美的园林之中，内涵深厚，情景交融，堪称"东太行第一园"。

武安城隍庙

位于城区庙路街西端，现为城区保存较好规模较大的古建筑群体。该庙坐北面南，为南北中轴线建筑。始建于明代洪武二年（1369年），明、清和民国均有重修。

城隍庙原规模较大，有戏楼、大门、二门、拜殿、中殿、后殿，均建于中轴线上。大门外东侧有木牌楼，二门内中轴线两侧有对称的皂隶亭、东西厢房、钟鼓楼等，总占地面积6000余平方米。现仅存拜殿、中殿、后殿三座建筑，占地面积1100余平方米。

仅存的拜殿、中殿、后殿，虽经历代多次重修，仍保持了原来的建筑布局、建筑结构和建筑形式，具有较高的历史价值。尤其是中殿保存下来的清代早期"城隍出巡"和"山精水怪"水墨淡彩壁画，价值颇高。

武安县内城北门

武安县内城北门位于河北省武安市市区内，在市区塔西路与北关街叉口北100米左右，是原武安县内城三个大门的其中之一。东西长15.7米，南北宽14.8米，残高6.1米，圆拱券顶，门洞高4.48米，宽4.2米，外皮全为砖砌，拱券顶部砌筑形式为三履三券。此门建筑宏伟，古朴壮观，是武安市区内保留下来的的唯一一座古城门，现已列入邯郸市级文物保护单位。

武安县城墙分为内城、外城，原来均系土城，筑于建县之始，约在战汉时期，外城依地势而建平面，呈不规则形状，现在大部已无存，仅留一门和100余米的城墙。内城平面呈长方形，周长约1800余米，高9米，有西、北、东三门，原来也为土城，明嘉靖二十三年（1545年）知县熊瑶改筑成砖城。

峻极关明代长城

峻极关，又名大岭口，因位居大岭而得名。《畿辅通志舆地、山川》沙河县条说："大岭在县西一百四十里，接邢台县界，上有隘口。"大岭可能是摩天岭的旧称或别名，今属武安与邢台县的界山，位于武安活水乡长寿村西，是晋、冀之间的交通要道之一。峻极关长城即座落在摩天岭主峰上及北侧山腰平台处，海拔高度在1500～1700米之间，属邯郸市级重点文物保护单位。

峻极关长城由上下两区及内外数个墙体和关门、卫所房、烽火台等几部分组成。城墙总长760米，墙体落差较大，上区墙体位于摩天岭主峰南侧缓坡上，随山体走势自西向东偏南方向延伸，全长330米，内侧海拔1722米的山顶周围还发现有战汉时期的遗址，文化内涵丰富的绳纹简板瓦建筑物体及生活用具陶片说明这里自古即是一处战略要地；下区墙段位于主峰北侧数十米高的悬崖下，分内、外两道墙体，外墙自悬崖根部沿一道陡峭的骑墙式山脊自南向北顺坡而下直达关门、长约80米，过关门向北是一片略有起伏的

◀ 东山文化公园
▲ 武安县内城北门
▼ 峻极关

▲ 红山寺

山腰平台，俗称"跑马场"，墙体自关门沿平台东侧向东北方向延伸，至前端断崖边上，长约250米；内墙位于关门内平台西侧，南半段沿山脊而下，长约100米；卫所房位于关门内北旁和南约40米的山洼处，共两座。烽火台位于关门内北侧40多米处的平台西沿，南与内墙北端相连。

红山寺

东太行山武安市红山寺，位于武安市东北25千米紫金山麓，是华北著名的佛教圣地，始建于唐朝中宗年间（707年）。1730年，康熙皇帝南巡路经该寺朝拜，曾留墨宝："山石朱砂红，佳山代五行，真人进之仙境也。"主要建筑有万佛殿、大雄宝殿、红山圣母殿、黑龙殿、九龙圣母殿等大小72座殿宇，蜡烛山、红山湖、青山绿水、山深谷幽。

邑城古城

位于城区北偏东18千米邑城镇邑城村西，海拔高度200多米，处较平缓的丘陵地带，为战汉时代古城遗址。

古城遗址呈长方形，南北长1000米，东西宽600米，面积60万平方米。城址地势比较平坦，东北分别和永年县、沙河市搭界,南侧为南河,右侧紧临邑城村。古城东半部村民建房占用,邑城—显德汪煤矿公路从古城中间穿过,沙河—褡连铁路穿越古城南部。目前地表城墙基本无存,仅存西城墙一段和南城墙一段。

城墙为夯土筑成,文化层厚0.6~1.5米,地面裸露遗物多为绳纹板瓦、筒瓦和泥质灰陶片,可辨器形有罐、盆、盘、瓮等,遗址东南为古墓区。2010年在邑城赵店村砖厂内发现2件商代青铜爵。

午汲古城

位于城区西南6.5千米午汲镇午汲村北200米处,为战汉时代古城遗址。古城遗址为不规则长方形,东西长889米,南北宽768米,面积约68.8万平方米。城外四周有护城河沟,宽约60米。目前城墙四角俱存,但墙体仅保存近二分之一:西城墙长740米,高3~5米,底宽8~13米;北城墙长600米,高3~6米,宽8~13米;东墙、南墙无存,已成为公路和乡间大道。在东、西、南、北城墙中间,各有宽10~50米不等的豁口(南面豁口略偏西),为城门所在。

午汲古城发掘清理东周—西汉时期遗迹灰坑和21座窑址,春秋战国古墓25座。在古城西半部探出古墓41座、窑址25处、枯井18眼、窖穴、灰层和大小灰坑145座。出土遗物主要有陶器、石器、铁器、少量的铜器及蚌器和钱币等。陶质以泥质灰陶居多,主要器形有:甑、豆、盘、罐、盆、板瓦、筒瓦、纺轮等。器表多饰绳纹、弦纹、方格纹、蓖纹、布纹和素面等;石器有砺石和斧;铁器有犁、锄、镰、刀、齿轮等;铜器主要有镞;钱币有五铢钱和剪边五铢等。

固镇古城

位于城区西南25千米冶陶镇固镇村西北50米低凹处,为春秋至战国时期古城址。古城分为南城和北城,俗称前城、后城,二城相距200米。南城(前城)南北长720米,东西宽600米,面积43.2万平方米;北城(后城)南北长210米,东西宽140米,面积2.94万平方米,两城面积共计46.14万平方米。北城文化遗迹较少,南城文化层厚2~13米。两城现存四段,由夯土筑成,夯层厚7~110厘米。北城西北角通向凤山垴有箕城墙,城内西部有跑马场和棋盘地战汉墓群,城东有东汉墓群和汉代冶铁遗址,城内王场地有春秋墓群等遗迹,西南有一处元代冶铁遗址。

太祖山

东太行山武安市太祖山,三面环山,一面傍水,风景秀丽,人文景观奇特。在太祖峰海拔940米处,有一天然溶洞,溶洞下千亩造型各异的天然橡树林,每到秋季,满山遍野的红叶。又有大五寨、玉柱峰、望日峰、太祖回音壁、明山寺、十二朝度假村、九龙潭、蹦极等多处游居场所。

武华山

东太行山武安市的"小华山"位于武安市西北52千米处,前后柏山接壤的山坳里,这里山青水秀,万木葱茏,山花烂漫,松涛阵阵。进山门,首先映入眼帘的是100多米高的瀑布飞流直下,冲入日月潭。沿山间崎岖石阶达山

顶原始次森林，顿觉视野开阔，旖旎风光尽收眼底。风光之"新、奇、险、特"可与华山媲美，山顶绵延10多千米的松树林，一望无际，松涛如歌。山上有山神庙、玉皇顶、天王殿，度假别墅错落有致、点缀林间，让人流连忘返。

北安庄塔

位于武安城区向南十余千米的北安庄乡。北安庄塔建于明代，七级八角楼阁式砖塔，高二十余米，一层有门，据介绍可攀登至第三层，以上为实心。这座塔的塔檐伸展较小，斗拱小巧玲珑，第四层和第七层檐下以斗拱加仰莲瓣承托。下层的塔檐还是八角形，越往上棱角越不明显，上面几层几乎成了圆形。塔顶为砖葫芦刹。

据介绍，塔下原有寺院，现在变成了一加工厂，寺内古建筑已无存，只剩下了这座古塔，现为邯郸市重点文物保护单位。

禅果寺

东太行山武安市西北35千米处，战国时期晋赵两国分界线定晋岩，岩势险峻，磅礴壮大，岩高100多米，长300米，主岩进深30多米，在岩下的半山腰上，有一古寺，名禅果寺，初建于南北朝黄初三年，已有1400多年历史，原建有大佛殿、地藏殿、菩萨殿、禅棚等64楹。现存三佛殿、三头六臂佛、龙池佛、明代乌龙桥、塔林等建筑，属省级文保单位。又有"稠树开怀生子"、"虎母养祖师"、"龙池涌碑"、"龙潭虎穴"、"鸳鸯峪"等历史故事，自然景观与人文景观堪称双绝。

▲ 诗情画意武华山

思索武安

石英砂岩峰林地貌景观的形成
其他地质景观的形成

石英砂岩峰林地貌景观的形成

我国峰林地貌景观类型主要有碳酸盐岩峰林（如云南石林、桂林石林）、花岗岩峰林（如黄山、太华山、克什克腾等）、丹霞景观（如广东丹霞山、刘家峡）、石英砂岩峰林（如张家界），各种岩层形成的峰林又各具特色。

武安国家地质公园形成的峰林与张家界国家地质公园同属石英砂岩峰林，但武安地质公园峰林与张家界峰林有不同：武安国家地质公园的石英砂岩生成的时代早，武安国家地质公园峰林构成的岩石生成年代是距今18亿～14亿年的中元古界长城系红

▼ 水上峡谷峰林

色石英砂岩，张家界的石英砂岩为距今4.10亿～3.54亿年泥盆纪形成的砂岩，武安国家地质公园岩石形成时代较张家界石英砂岩早10亿年左右；武安国家地质公园的石英砂岩厚度大。武安国家地质公园的石英砂岩厚度达1000多米，形成的峰林景观雄伟；武安国家地质公园的峰林具有层次性、递进性，下层为水上峡谷峰林，峰顶标高800米左右，属唐县面；中层为宽谷峰林，峰顶标高1100～1200米，属太行面；上层为残丘状圆缓峰林，峰顶标高1500～1700米。三层峰林，三种景观。特别水上峡谷峰林的京娘湖景区，七步沟景区所展现的绿水、红山、深谷更突出景区的清幽、美观，这是其他石英砂岩峰林地貌景观中无法媲美的。

武安国家地质公园与临区的嶂石岩地貌也不相同，虽都由元古代石英砂岩构成，嶂石岩是以丹崖长墙为特色。武安国家地质公园是四组密集的构造裂隙切割成的水上峡谷峰林，宽谷峰林、山上残丘圆缓峰林逐次出现为特色，更增加雄、奇、幽、美的风格。

距今18亿～14亿年的中元古代，河北中南部有一北东走向的赞皇—左权海槽，海底地形陡峻，河流携带大量陆屑沉积在海底，形成厚1000多米的石英砂岩，以后地壳上升，石英砂

岩露出海面，成为形成地质公园峰林地貌的地层条件。

到距今2.05亿年的中生代由于太行山区受来自太平洋板块向欧亚大陆板块俯冲推压力的影响，发生翻天覆地的造山运动，北东向、北西向两组构造，石英砂岩受区域构造控制形成相应构造裂隙，成为峡谷峰林地貌形成的构造条件。

白垩纪末到第三纪古新世，地壳相对稳定外力地质作用以风化剥蚀为主，形成第Ⅰ级夷平面称北台期夷平面，始新世—渐新世太行山区断层剧烈活动，地壳抬升，造成北台期夷平面裂解，侵蚀基准面下降，形成公园区内的古武当山圆缓峰林。

第三纪中新世地壳呈稳定的升降，形成广泛的Ⅱ级夷平面，称太行面（与山西高原面相当），上新世末山区开始上升，使太行面裂解,侵蚀基准面下降。在景区内古武当山、七步沟形成宽谷峰林。

从上新世末到早更新世，地壳处于剥蚀堆积环境，形成Ⅲ级夷平面，称为唐县面。进入第四纪，新构造运动呈震荡升降，使唐县面裂解，在景区范围，侵蚀基准面下降到600米左右形成京娘湖周边的水上峡谷峰林的独特优美景观。地壳经几次抬升，在景区形成北台夷平面，标高达到1500～1700米，太行面标高达到1100～1200米，唐县面达到600～800米的三层峰林景观。

其他地质景观的形成

武安地区距今35亿年前出现了海底火山喷发，并开始了陆壳和洋壳的分异。后来历经迁西运动、阜平运动、五台运动、吕梁运动、喜马拉雅运动等各期地质运动，形成了丰富多彩的地质地貌景观，这些地质景观记录了很多深刻的科学道理。

◀ 七步沟碧水丹山
◀ 古武当山断崖
▼ 莲花洞石幔、石笋、石钟乳

溶洞的形成

河北武安国家地质公园的莲花洞，位于井峪村西，洞长约500米，发育在寒武系中统张夏组鲕状灰岩之中。大约距今2亿年的燕山运动，地壳发生翻天覆地的造山运动，来自太平洋板块的推压力，太行山逐渐升起，同时产生了东西向、北北东向和北北西向的三组裂隙，在地下水长期溶蚀下，形成较大洞穴，经喜马拉雅运动，太行山不断上升，沿裂

▲ 莲花宝塔状石笋
◀ 化石群

隙下滴之地下水，水中$CaCO_3$达到饱和程度，不断地淋滤下滴，$CaCO_3$成分逐渐析出，形成现今之石笋、石钟乳、石柱、石帘等千姿百态的溶洞景观。

岳庄、尖山化石及叠层石的形成条件

在寒武纪时期河北省南部大部分被海水淹没，当时空气湿热，适于三叶虫、头足类、腹足类动物发展繁殖，海水在潮上带和潮间带间动荡，同时有大量的蓝绿藻类的繁殖，各类生物与藻类繁殖与消亡，沉积于海底，经化学交代作用发生石化，便成今日之化石景观。

玄武岩的垂直节理的形成

大约距今15万年左右，由于太平洋板块的挤压，使玄武岩浆沿近东西向张裂隙喷发。玄武岩浆喷出地表后，遇大气迅速冷凝、收缩、硬化，冷凝的岩石沿两组或三组节理方向，形成很多呈四方或

六方柱的节理。

波痕、泥裂、交错层景观的形成

波痕为河流、滨海相之产物，水流及海水流动产生；泥裂为滨海潮上带之干旱气候条件下，泥土失水干裂成缝，以后又被后期沉积物充填，形成泥裂；在潮下带和潮间带，海水流动方向变化时，海底沉积物重新排列，形成有方向的交错层理。

大约距今17亿年，中上元古代时期，景区处于地壳动荡环境，使石英砂岩层面上形成大量的波痕、泥裂、交错层构造。

▲ 柏草坪玄武岩垂直节理
◀ 石英砂岩层面上形成的波痕

旅游资讯

行住吃游购娱

行

武安位于河北省南部，太行山东麓，东经113°45′~114°22′，北纬36°28′~37°01′，是一座以工业为主，各行业全面发展的新兴城市，武安处于晋冀豫三省交界处，邯郸以西30千米，境内交通便利。309国道、邯长铁路横贯东西。境内通车里程达960千米，矿产资源极为丰富，以铁、煤矿为主，是全国58个重点产煤县（市）和全国四大富铁矿基地之一。素有"太行明珠"之称。

外部交通

航空交通

武安距离邯郸机场约40千米，不到一小时即可到达。邯郸国际机场是国家重点发展的干线机场，目前已开通上海、天津、广州、厦门、南京、重庆、大连等城市的航班。

公路交通

武安隶属于邯郸市管辖，而邯郸区域位置交通条件优越，居晋冀鲁豫四省要冲和中原经济区腹心，在四省交界区是一座较大城市，与石家庄、太原、济南、郑州四个省会城市的距离均在200千米左右，与北京、天津等大都市的距离均在500千米以内。在四省交界区域中，只有邯郸具备铁路交叉、国道交汇、高速纵横过境和航空港四位一体的立体交通条件。309国道横穿东西，邢都公路纵贯南北，公路通车里程966千米，基本实现了村村通

武安长途汽车客运时刻表

车次	发车站	终点站	发车时间	经过站名	价格	类型	里程数
武安	武安	天津	7：00	高速公路	90元	现代	511千米
武安	武安	濮阳	7：00	邯郸、张二庄	23元	长城	188千米
武安	武安	太原	6：00	涉县、左权	39元	39	305千米

武安火车时刻表

车次	列车类型	始发站	始发时间	经过站	到达时间	发车时间	终点站	终点到达时间
4481	普快	天津西	08:27	武安	18:49	18:51	涉县	20:42
4482	普快	涉县	07:03	武安	09:12	09:14	天津西	18:47
6043	普慢	邯郸	12:26	武安	13:08	13:10	长治北	20:03
6044	普慢	长治北	08:12	武安	14:19	14:21	邯郸	15:01
6423	普慢	邯郸	07:06	武安	07:51	07:53	涉县	10:25
6424	普慢	涉县	14:45	武安	17:15	17:23	邯郸	18:33

公路。向东有通往武安、邯郸与京广铁路、京深高速公路和107国道相接；向西有通往涉县、山西省长治市与207国道、同蒲铁路连通。

铁路

邯郸是华北地区重要的交通枢纽，交通便利，纵穿中国南北的京广铁路、京深高速公路和107国道与横贯祖国大陆东西的长治—邯郸—济南—青岛铁路、青兰高速公路和309国道交汇于邯郸，境内形成了"五纵五横"的干线公路网络，铁路建设始于1941年，迄今为止有5条铁路通往邻省及周边县市，境内全长141.31千米，设18个客货混用站，为全国拥有火车站最多的县（市）。

内部交通

公园内有环形旅游路；沿园区旅游路向北通达邢台县峡谷群景区和云梦山景区，可通往邢台市，向南到磁县，可与河南省安阳市相通。河北武安地质公园内有新修循环回形柏油路，可从京娘湖向西北通七步沟、武华山、摩天岭—长寿村—朝阳沟—柏草坪—朝阳湖等景区。京娘湖—古武当山仅有10千米，有水泥路通达。景区内外交通方便。

行车指南

石家庄方向：京珠高速路—邯郸北口下—武安方向直达园区

郑州方向：京珠高速路—邯郸南口下—武安方向直达园区

太原方向：太长高速路—长（治）邯（郸）高速—武安方向直达园区

（1）武安汽车站—古武当山景区，每小时一班车；

（2）武安汽车站乘坐武安至阳邑的班车到七步沟景区下车；

周六、周日早7点在邯郸市红楼宾馆前乘坐直达七步沟景区专车；

（3）京娘湖景区，在武安市汽车站从早上7点30分到中午12点每隔10分、20分不等发一次车，下午最晚是3点30分从京娘湖回返。

住

武安国家地质公园内的重要景区已具有旅游的基础条件，京娘湖景区内有高、中、低档宾馆5个，古武当山有中、低档宾馆13个，摩天岭—长寿村景区有小型、中型宾馆3个，朝阳沟景区的朝阳沟宾馆，莲花洞景区内有巨龙山庄，其他景区也有宾馆，另还有许多家庭旅馆、餐厅，餐饮住宿条件基本满足景区需求。

武安财富国际酒店坐落于武安五星财富广场，位于武安市中兴路与中山大街交汇处西北角，紧邻武安二层高架桥，处于武安市中心的黄金地段，交通畅达，地理位置优越。环境优美，是武安市政府形象工程的标志性建筑。

武安财富国际酒店是武安地区首家五星级饭店。由兴华财富集团投资建设，总营业面积达3万平米，集住宿、餐饮、会议、休闲、娱乐、商务、办公于一体，酒店主体建筑29层，外观气势恢弘，内部装修典雅豪华，拥有设施完善的各类客房，是举办各类会议、庆典聚会、商务会晤、旅游度假的首选之地。武安财富国际酒店员工将以五星级的标准、人性化的服务理念，竭诚期待您的光临。

武安宾馆饭店推荐

武安财富国际酒店	武安市中兴路与中山街交汇处
武安二十一世纪会馆	武安市中心路2号
武安宇宙宾馆	武安市桥西路589号
武安宾馆	武安市塔西路2号
武安白天鹅宾馆	武安市富强路南头
武安建安宾馆	武安市中兴路1号
好如家宾馆	武安市中兴市场
武安市白云大酒店	武安市中兴路西段网通大厦西侧
森宝宾馆	武安市向阳路与建设大街交叉口1888号
武安市金桥大酒店	武安市桥西路62号
武安蓝天宾馆	武安市桥西路590号
天外天商务酒店	武安市桥西路中段
华丰裕达酒店	武安市磁山镇磁二工业园
旅游宾馆	武安市南环路汽车站附近
邯郸磁丰商务酒店	武安市磁山镇磁二工业园
武安新桥旅馆	武安市桥西路图书馆东侧
武安矿山镇庙王美食城旅馆	武安市矿山镇西石门
邯郸申氏商务会馆（武安）	武安市建设北大街2133号（夜宴北行200米）
武安众友快捷宾馆	武安市中兴路与富强路交叉口北100米路西
钢金宾馆	武安市阳邑镇钢厂对面
盛名度假村	武安市管陶乡小店村西（近小店村）
武安锦昌宾馆	武安市塔西路长春街52号
邯郸招商大酒店	邯郸市丛台区联纺东路512号
邯郸燕赵之星商务酒店	邯郸市复兴路10号
邯郸丛台大酒店	邯郸市人民路126号
邯郸丽都国际大酒店	邯郸市中心人民东路328号
邯郸邯钢金鹏大厦商务酒店	邯郸市丛台区和平路82号
邯郸太阳花酒店	邯郸市丛台区光明北大街12号
邯郸华祥商务酒店	邯郸市丛台区中华北大街369号华祥大厦
邯郸海兴商务酒店	邯郸市邯山区和平路369号
邯郸赵王宾馆	邯郸市复兴路19号

吃

> 武安小吃首推熏肉。这里的熏肉做工精细，用料考究，味道鲜美，肥而不腻，越嚼越香。其次，武安的驴肉卷饼、拽面、烩菜、小麻糖、荞麦灌肠、苦累、黄菜、烫面饺子、炸三角等都是比较具有地方特色的小吃。

熏肉

武安小吃首推熏肉，它做工精细，用料考究，味道肥而不腻，越嚼越香。

做熏肉要分三步。第一步是洗肉，选择新鲜的猪头或猪下水做原料。猪头上的毛要用火柱烫掉，再拿石头捣，以便去掉毛根和褶皱中的污垢，然后再拿刮刀刮净刮白。耳内污垢也是先烫后刮，不留半点脏物。最后放入清水中反复清洗。这种方法要比用沥青或松香去毛费事得多，但很卫生。猪下水洗不净会有异味，肚儿和肠子要用花椒、食盐、醋、碱等反复揉搓，直到把其中的污垢除净。第二步是煮肉，煮肉是味道好坏的关键，在清水中加入老汤，再放些茴香、大料、桂皮等。将肉放入汤中即可开火。肝煮得最快，肝中间的血管不出血时就煮好了。第三步是熏肉，把经过在汤中浸泡，然后晾干的猪头肉和下水放在铁篦子上，用瓦盆儿盖好，点燃锯末熏烤，除了松柏木锯末不能用外，其他常见杂木的锯末都可用。要掌握好火候，火大则糊，火小则生，熏好后还要在肉皮上抹一层香油，这样，不仅味道香，而且久放不干。

熏蛋

选择个头匀称、新鲜的鸡蛋，用清水煮熟，捞出后放入冷水中，然后砸碎蛋皮，再放入配有茴香、大料、花椒、盐等佐料的原汤中稍煮，火候要适中。煮好后捞出，待原汤晾凉后，把鸡蛋放入汤中浸泡半天，让佐料浸入蛋内。

泡好后去皮，晾干，再上熏盆熏烤，盆内有带方格的箅子，一个格放一个鸡蛋，点燃锯末开始熏，要用文火，一边熏，一边翻动。熏好后，用棉球沾上小磨香油擦拭。这样，熏鸡蛋味道香醇，色泽光亮。

熏鸡蛋味道香醇，色泽光亮。熏鸡蛋色香味俱全，表面微皱，颜色发紫，蛋清柔韧，蛋黄发干，越嚼越香，胜似板栗。那股特殊的香味，让人回味无穷。

锅盔夹肉

锅盔（又叫锅魁、锅盔馍、干馍）原本是陕西"八大怪"之一。武安人根据自己的风俗喜好进行了改良，发展成今天的武安锅盔夹肉。武安锅盔是用凉水和面，和面时放猪油，和成死面。和好面以后，再做成长烧饼，把做好的烧饼放在平底锅上烙，烙完后再放在石子儿上烤，石子下面有火。烤熟后从中间开个口，把切好的熏肉，包括猪头肉和猪下水，夹到烧饼里，就做成了一个锅盔。锅盔味道又香又脆，非常解谗。

豆沫

发源于安阳，后传入武安，豆沫不是用豆类面儿做的，而是用新小米面做成的，之所以叫豆沫，与放入的花生豆有关。武安豆沫口味微咸，有淡淡的

驴肉卷饼

武安自古就有吃驴肉的传统，驴肉色红，肉质鲜嫩，柔软细腻，含脂肪少，现在通乐村的驴肉最多。卖肉的同时一边做薄饼，做好后就放在平底锅上烙，不一会儿一张香喷喷的小饼就烙好了，小薄饼上放些切成薄片状的驴肉，再放点葱，春天夏天放绿油油的小葱，秋天冬天放大葱。然后就开始卷，卷好后就可以吃了。饼香加肉香，绵软上口，香而不腻，回味无穷。

五香味和小米香味儿，喝起来细腻滑润，妇孺皆宜，是上好的营养早餐。

荞麦灌肠

武安河渠村的灌肠最有名，自古有之。就是用荞麦面和面，和成稀糊涂状，然后在笼屉上铺上布，把稀荞麦面放在一个特制的坨子里蒸，蒸好后切成宽约3厘米，长约5厘米的带棱的薄片儿，放在平底锅上煎，吃灌肠时必须沾蒜末。其口味香软，口感极佳，是武安地道小吃。

武安拽面

拽面是武安当地老百姓喜爱的一种面食，具有筋道有力、绵软爽滑的特点。一般凉水和面加盐，双手拽扯，后加卤汁方可使用，此面稍宽稍厚，吃起来很筋道。

烩菜

武安自古有之，是家常菜，大众菜，也是宾馆饭店宴请宾客时必须上的一道菜。有"大米饭，猪肉菜，山药粉皮配海带，再来点好白菜"的说法。烩菜因季节的变化，里面的菜也变化，常用的原料有熟肉片儿、长山药或土豆、白菜、芸豆角、蒜薹、青莴笋、冬瓜、海带、肉丸子、炸豆腐、粉丸子、洋白菜、蒜苗、茄子、西红柿等。先往锅里倒入油，然后把各种蔬菜放入锅里翻炒，倒入清汤，再放入熟肉片儿、土豆、油炸豆腐、海带等炖约半小时，开锅后放入肉丸子、粉丸子、味精、盐、香油等就做好了。多味混合，营养丰富，肥而不腻，咸鲜适口。

小麻糖

武安小麻糖是武安人每逢过年时必备的一种独特的过年食品。传统的武安人家家户户在小年前夕都开始制做油炸小麻糖，一次制作数量够全家人能吃到二月二的"龙抬头"。小麻糖香、脆、酥、甜，老少皆喜欢。

游

武安自然风光秀丽。京娘湖、北武当山、七步沟、长寿村等景区集旅游、观光、避暑为一体，吸引了众多中外游客。武安地区丰富的旅游资源奠定了武安多样的旅游形式，而各种旅游形式的组合，是武安旅游最大的特点。综合武安的旅游特点，主要有以下黄金旅游路线。

一、普通旅游路线

1.绿色生态游线路A线
京娘湖—定晋岩—古武当山

2.绿色生态游线路B线
莲花洞—七步沟—长寿村

3.绿色生态游线路C线
朝阳湖—朝阳沟—武华山

4.古文化旅游线路A线
东山文化公园—磁山文化遗址—天青寺

5.古文化旅游线路B线
碧霞祠—红山寺

6.古文化旅游线路C线
元宝山—万寿山—云烟寺

7.红色旅游线路A线
中共晋冀鲁豫中央局旧址—晋冀鲁豫军区司令部旧址—晋冀鲁豫边区政府旧址—《人民日报》社旧址

8.红色旅游线路B线
武安烈士陵园—梁沟兵工厂遗址

（八路军总部军工部第四修械所）

二、地质科普路线推荐

1.以地理游为主线

起点在武安县城，终点在峻极关，沿途经过京娘湖—七步沟—武华山—长寿村—峻极关，从长寿村—朝阳沟—武安县城。

观察重点：地理（平原、盆地、丘陵、低山、中山、高原）、地貌（方山、崖壁、石墙、石柱、残丘、峰丛、峰林、孤峰、峡谷）。

2.以地质游为主线

起点在武安县城，经京娘湖—武当山—长寿村—朝阳沟—柏草坪—莲花洞—武安县城。

观察重点：地层剖面（赞皇群、长城系、寒武系、奥陶系、不整合面），地质构造（断层、褶皱、波痕、泥裂、交错层理、鲕粒等）、古生物（叠层石、角石），溶洞（石笋、石柱、石钟乳、石花、石幔、石耳等）、古火山机构（柱状节理、枕状构造等）。

3.以生态游为主线

起点武安县城，终点朝阳湖，沿途经过莲花洞—京娘湖—七步沟—长寿村—朝阳沟—朝阳湖—武安县城。

观察重点：山（聚龙山、玉柱峰、狮子峰、摩天岭），水（黄龙泉、聚龙潭、京娘湖、马跑泉、长寿泉、朝阳湖），植被（贞义岛原始次生林、罗汉川、藤萝沟、蝴蝶谷、野莓谷、长寿园—天然氧吧、朝阳沟原始次生林等）。

4.以人文游为主线

起点在武安县城，终点在磁山文化遗址，沿途经过古武当山—长寿村—朝阳沟—晋冀鲁豫军区旧址—磁山文化遗址—武安县城。

观察重点：道教文化（三丰城、金顶、三清观、玉皇阁、碧霞宫），长寿文化（长寿村、长寿园、长寿泉等），戏曲文化（杨兰春故居、李支书故居、栓宝银环旧居、二大娘旧居等），红色文化（晋冀鲁豫军区旧址），磁山文化（磁山文化遗址）。

5.以矿山游为主线

起点在武安县城，终点在西石门国家矿山公园。

观察重点：西石门国家矿山公园——以展示西石门铁矿的矿业遗迹景观为主体，体现矿业发展史，具备研究价值和教育功能的公园。园区面积6.5平方千米，共分三个景区：科普景区（博物馆景区）——矿山知识的科普基地；采矿引发地质灾害观览景区——采矿引发的塌陷区经过回填治理、绿化建成的生态园林区；矿山环境治理成果游览景区（生态恢复景区与鹿苑养殖区）——苑区驯养梅花鹿、驼鸟等动物，变灰渣遍地的尾矿库为环境整洁的游览区。通过矿山公园的游览，使游客得到矿产资源形成知识、铁矿开采工艺、采矿对环境的影响和矿山环境治理的经验。

6.以城市游为主线

行走于武安县内，途经城市中心公园—东山文化公园—武安县城。

观察重点：武安的辉煌（城市中心广场），武安文化（东山文化公园）。

购

武安的旅游商品资源十分丰富,开发和销售武安最具有地方特色的土特产品、旅游纪念品,同时旅游购物作为旅游要素中重要的一项,打造武安旅游购物产业,让武安旅游蒸蒸日上,使旅游业真正成为第三产业的龙头。主要品种有"武安带皮山羊肉""打老儿茶"、"活水熏醋"、"宋太祖酒"、"西山椒"、"太行石"等。

活水熏醋

武安市活水京娘湖酿造厂位于武安市活水乡门王庄开发区,其熏醋以"天下第一醋"的美称享誉神州大地,弛名中外,备受青睐。早在宋太祖年间,祖传醋就以质量佳,携带方便,曾进入宫廷,列为膳食佳品。

河北武安国家地质公园地质标本

由河南省山水地质旅游资源开发有限公司设计开发的武安地区独有的地质标本产品,生动地把武安地质文化用实物体现出来,是游客留念、馈赠好友的绝佳礼物。

太行石

太行石产于武安山区,经过多年的探索、发展,形成了具有独特武安文化的天然艺术品,其原料出土于寒武纪底层中,属于纯天然的、没有任何放射性元素的旅游石雕艺术品,具有很强的实用性、观赏性和一定的收藏价值。

酱香驴肉

酱香驴肉选于太行山区优质毛驴,在加工过程中配制了十余种名贵的中草药经过特殊工艺及高温灭菌精细加工而成。其风味独特,配料讲究,色佳味美,入口香而不腻,是佐餐的佳品。

七水岭小磨香油

七水岭小磨香油,选料上乘,工艺精湛,透明度高,口味纯正,富含多种维生素,对促进人体细

115

胞分裂、提高人体免疫力、减缓人体衰老、维持肌肤的光滑细腻有一定的功效，是理想的调味佳品。

小米

武安是谷子的发源地，中国小米之乡。武安谷子产于国家认定的无公害农产品生产基地，这里山高树绿水清，昼夜温差大。武安小米以武安谷子为原料精细加工而成，不添加任何添加剂。

五谷杂粮

武安地处冀南，沟壑纵横，地貌类型多样，特别适合杂粮生长。武安是粟的发源地，以粟为代表的五谷杂粮种植历史悠久，是天然的绿色食品。五谷杂粮全部通过手工精选，真空包装，食用方便，保存期长。

花椒油

"七水岭"花椒油是以太行山优质大红袍花椒为原料，采用先进的生产工艺和超临界CO_2萃取技术精制而成。其配料考究、工艺严谨独特。该产品具有麻、香的特点。食用后麻香浓郁、回味悠长、清新自然，是家庭烹调菜肴的首选。

山韭花

山韭花生长于太行山深处长寿村悬崖峭壁之上，采天地之灵气，摄日月之精华，味道独特，富含微量元素，纯天然、无污染是理想的保健食品。

花椒

武安花椒与核桃、板栗、柿饼并称武安四宝，素有"飘香十里，名闻华夏"的美誉。花椒是纯天然绿色有机食品，是家庭、宾馆、餐宴的上乘佐料，也是馈赠亲友的绿色珍品。

老粗布

老粗布秉承了两千多年的传统织造工艺，采用优质棉花作原料，运用原始的老工艺与现代织造的完美结合，经过七十二道工序精做而成。它环保、舒适，是回归自然，返璞归真的时尚佳品。

娱

> 武安是著名的地方戏曲之乡，现留存黄河流域惟一的古傩戏，被称为"戏剧的活化石"，武安平调、落子在2005年被评为国家级非物质文化遗产，也是我市优秀的地方文化，一个县能产生两个剧种，且能同台演出，这在全国都极为罕见。

武安傩戏

武安市固义村民间艺术。相传这一民间活动始于明代，是元宵节期间开展的一种大型民间艺术活动。固义村演出的傩戏以《捉黄鬼》为主，恢宏神秘，内容丰富，改变了"长江以北无傩戏"的断言。傩文化活动从正月十四的迎神开始，十七送神结束，主要有队戏（包括脸戏即面具戏）、赛戏、花车、旱船、舞龙、霸王鞭、武术等，正月十五的"捉黄鬼"演出为高潮。《捉黄鬼》是一出沿街表演的哑剧。"黄鬼"是指在人间行凶行恶，不忠不孝，甚至害死父母的孽狂。其表演角色百余个，分天下、人间、地狱三个方面。天神有玉皇大帝、判官、大鬼、二鬼、三鬼、

探马等。"黄鬼"一般扮演为叫花子，身穿裤衩，头发和全身涂成黄色，四肢有插入肉中的刀，鲜血淋淋，哆哆嗦嗦，成为整场戏捉拿和行刑的对象。"捉黄鬼"表演自晨2时开始，先由大鬼、小鬼和探马巡逻开始。天亮后由玉皇大帝出场，布置各种任务。演至中午，阎王出场，布置审判堂，由大鬼、二鬼、三鬼将黄鬼捉拿刑场，处以抽肠剥皮之刑。整个表演一直进行到晚上。参加表演的各种人物达450人之多，还需马、骡近50匹，整个场面十分壮观。据专家考证，武安固义为黄河以北"傩戏"仅存地。2006年"固义傩戏"被列为第一批国家级非物质文化遗产。

武安平调

武安地方戏曲，全国独有的地方剧种。流行于河北省邯郸市的武安、涉县、磁县、邯郸县、永年、曲周、大名、临漳，邢台市的沙河、邢台、南宫，以及豫北、晋东南地区。传统剧目有200多出，多为反映历史故事、神话、民间传说的大型剧目。平调行当齐全，有"四梁八柱"和"十二行"之说。四梁指红脸、黑脸、旦角、小生。十二行即四生、四旦、四花脸。表演风格粗犷豪放，崇尚特技。唱腔属梆子腔系，板腔体，五声徵调，主要板式有慢板、二八板、二板、散板、垛板、倒三梆等，还有少量的杂曲小调，如《一串铃》、《打枣干》等。代表剧目《盘坡》、《徐策跑城》等。

武安平调落子影响深远，武安平调发展到浙江宁海，形成"宁海平调"。武安落子流传到东北通化，形成"通化落子"；流传到山西，形成"上党落子"；流传到河南，形成"内黄落子"。武安平调落子乐器伴奏中，主要乐器"二弦"、"轧琴"在全国是绝无仅有的,这对于研究这两种乐器的起源和发展,具有很高的学术研究价值。

武安落子

武安落子原名莲花落,清末由高舞曲"花唱"演变而来。是武安地方戏曲,全国独有的地方剧种。通常与平调同台演出,角色行当比较齐全,主要有小旦、青衣、小生、小丑、老生,缺少花脸,武丑,历史上小生、小旦戏分工不严格,常常互相兼演。传统程式很少,舞台美术服装道具较简单。落子戏的唱腔旋律简单,既能叙事又能抒情,使用武安方言,具有一股强烈的太行山区乡土气息。武安落子有传统剧目一百四十余出,代表剧目有《端花》、《借髢髢》、《吕蒙正赶斋》、《老少换妻》、《小过年》、《借当》、《蓝桥会》、《何文秀》、《王小赶脚》、《闹驴》、《跪花厅》、《闹书房》、《机房训子》、《大上吊》、《顶灯》、《安安送米》等。

武安快板

　　武安市民间艺术。是当地文艺园地一朵鲜艳夺目的奇葩。它语言通俗、诙谐、生动、活泼、形象，具有浓郁的武安地方特色和农民生活气息，为武安乃至邯郸广大观众所喜闻乐见，它诞生于解放初期，距今约有50多年历史。其以顺口溜的形式，长的二三十句，短的十来八句，配上板鼓、梆子、小锣来伴奏就像武安落子戏的数板，但说起来比数板节奏更加明快干脆，因为演说时用的武安方言，故取名叫武安快板。开始时单人演说，后来发展双人对着说，名曰对口快板。再此后又编成了带故事情节，像小戏一样的多人分角色演说的快板，取名快板剧。以后，武安快板、对口快板、多口快板、锣鼓快板、快板剧就在武安大街小会逢年过节和各种文艺活动中成为观众喜闻乐见的文化艺术演说形式。

旅行社及旅游公司

旅行社名称	地 址	电 话
武安中旅旅行社	武安市新华大街三井巷南	0310-5683111
武安市天天旅行社	武安市新华大街	0310-5556901
武安环球旅行社	武安市中兴路西段1716号	0310-5663336
武安市鸿田旅行社	武安市富强路南段	0310-5558811
武安旅行社	武安市富强路中段	0310-5658723
武安青云旅行社	武安市桥西路南园东侧	0310-5551261

常用联系方式

单位名称	地 址	电 话
武安市国土资源局	武安市矿建路26号	0310-5652796
武安市旅游局	武安市塔西路13号	0310-5553516
武安国家地质公园管理处	武安市中兴路72号	0310-5171832
武安市交通局	武安市中兴路768号	0310-5685445

医疗求助

医院名称	等 级	地 址	电 话
武安市医院	二级甲等	武安市中兴路1378号	0310-5652742
武安市中医院	二级甲等	武安市中光路673号	0310-5652560
新兴铸管(集团)有限责任公司医院	二级甲等	武安市	0310-4041425
武安市劳动服务中心医院	二级乙等	武安市	0310-5650373
武安市妇幼保健院	一级甲等	武安市中师街256号	0310-5652539
邯邢矿山局玉泉岭铁矿医院	一级甲等	武安市玉泉岭村	0310-5773682

中国国家地质公园丛书编制出版编目
ZHONGGUO GUOJIA DIZHIGONGYUAN CONGSHU BIANZHI CHUBAN BIANMU

卷本编号	分册序号	国家地质公园名录		卷本编号	分册序号	国家地质公园名录
第一卷		**北京卷**		2	140	吉林长白山火山国家地质公园
1	025	北京石花洞国家地质公园		3	181	吉林乾安泥林国家地质公园
2	036	北京延庆硅化木国家地质公园		4	207	吉林抚松地质公园
3	062	北京十渡国家地质公园		**第八卷**		**黑龙江卷**
4	166	北京密云云蒙山国家地质公园		1	006	黑龙江五大连池火山地貌国家地质公园
5	175	北京平谷黄松峪国家地质公园		2	024	黑龙江嘉荫恐龙国家地质公园
第二卷		**天津卷**		3	083	黑龙江伊春花岗岩石林国家地质公园
1	019	天津蓟县国家地质公园		4	090	黑龙江镜泊湖国家地质公园
第三卷		**河北卷**		5	127	黑龙江兴凯湖国家地质公园
1	027	河北涞源白石山国家地质公园		6	179	黑龙江伊春小兴安岭国家地质公园
2	029	河北秦皇岛柳江国家地质公园		7	219	黑龙江凤凰山地质公园
3	032	河北阜平天生桥国家地质公园		**第九卷**		**上海卷**
4	069	河北赞皇嶂石岩国家地质公园		1	138	上海崇明岛国家地质公园
5	070	河北涞水野三坡国家地质公园		**第十卷**		**江苏卷**
6	100	河北临城国家地质公园		1	075	江苏苏州太湖西山国家地质公园
7	108	河北武安国家地质公园		2	121	江苏六合国家地质公园
8	165	河北兴隆国家地质公园		3	158	江苏江宁汤山方山国家地质公园
9	170	河北迁安—迁西国家地质公园		**第十一卷**		**浙江卷**
10	192	河北邢台峡谷群国家地质公园		1	026	浙江常山国家地质公园
11	206	河北承德丹霞地貌地质公园		2	038	浙江临海国家地质公园
第四卷		**山西卷**		3	047	浙江雁荡山国家地质公园
1	030	黄河壶口瀑布国家地质公园		4	055	浙江新昌硅化木国家地质公园
2	120	山西五台山国家地质公园		**第十二卷**		**安徽卷**
3	133	山西壶关峡谷国家地质公园		1	012	安徽黄山国家地质公园
4	134	山西宁武冰洞国家地质公园		2	028	安徽齐云山国家地质公园
5	177	山西陵川王莽岭国家地质公园		3	035	安徽浮山国家地质公园
6	183	山西大同火山群国家地质公园		4	041	安徽淮南八公山国家地质公园
7	191	山西平顺天脊山国家地质公园		5	060	安徽祁门牯牛降国家地质公园
8	195	山西永和黄河蛇曲国家地质公园		6	089	安徽天柱山国家地质公园
第五卷		**内蒙古卷**		7	092	安徽大别山（六安）国家地质公园
1	014	内蒙古克什克腾国家地质公园		8	145	安徽池州九华山国家地质公园
2	066	内蒙古阿尔山国家地质公园		9	182	安徽凤阳山国家地质公园
3	122	内蒙古阿拉善沙漠国家地质公园		10	198	安徽广德太极洞国家地质公园
4	147	内蒙古二连浩特国家地质公园		11	200	安徽丫山国家地质公园
5	159	内蒙古宁城国家地质公园		**第十三卷**		**福建卷**
6	208	内蒙古巴彦淖尔地质公园		1	008	福建漳州滨海火山地貌国家地质公园
7	210	内蒙古鄂尔多斯地质公园		2	021	福建大金湖国家地质公园
第六卷		**辽宁卷**		3	058	福建晋江深沪湾国家地质公园
1	049	辽宁朝阳鸟化石国家地质公园		4	067	福建福鼎太姥山国家地质公园
2	125	大连滨海国家地质公园		5	078	福建宁化天鹅洞群国家地质公园
3	130	辽宁本溪国家地质公园		6	091	福建德化石牛山国家地质公园
4	137	大连冰峪沟国家地质公园		7	096	福建屏南白水洋国家地质公园
第七卷		**吉林卷**		8	103	福建永安国家地质公园
1	077	吉林靖宇火山矿泉群国家地质公园		9	149	福建连城冠豸山国家地质公园

卷本编号	分册序号	国家地质公园名录
10	167	福建白云山国家地质公园
11	194	福建平和灵通山国家地质公园
12	197	福建政和佛子山国家地质公园

第十四卷　江西卷

1	004	江西庐山第四纪冰川国家地质公园
2	011	江西龙虎山丹霞地貌国家地质公园
3	102	江西三清山国家地质公园
4	124	江西武功山国家地质公园

第十五卷　山东卷

1	018	山东山旺国家地质公园
2	034	山东枣庄熊耳山国家地质公园
3	079	山东东营黄河三角洲国家地质公园
4	086	山东泰山国家地质公园
5	101	山东沂蒙山国家地质公园
6	114	山东长山列岛国家地质公园
7	144	山东诸城恐龙国家地质公园
8	164	山东青州国家地质公园
9	185	山东莱阳白垩纪国家地质公园
10	202	山东沂源鲁山地质公园

第十六卷　河南卷

1	003	河南嵩山地层构造国家地质公园
2	022	河南焦作云台山国家地质公园
3	037	河南内乡宝天曼国家地质公园
4	045	河南王屋山国家地质公园
5	051	河南西峡伏牛山国家地质公园
6	054	河南嵖岈山国家地质公园
7	088	河南郑州黄河国家地质公园
8	099	河南关山国家地质公园
9	107	河南洛宁神灵寨国家地质公园
10	110	河南洛阳黛眉山国家地质公园
11	117	河南信阳金刚台国家地质公园
12	173	河南小秦岭国家地质公园
13	176	河南红旗渠—林虑山国家地质公园
14	211	河南汝阳恐龙地质公园
15	214	河南尧山地质公园

第十七卷　湖北卷

1	073	长江三峡国家地质公园（湖北）
2	104	湖北神农架国家地质公园
3	132	湖北木兰山国家地质公园
4	136	湖北郧县恐龙蛋化石群国家地质公园
5	143	湖北武当山国家地质公园
6	171	湖北黄冈大别山国家地质公园
7	203	湖北五峰地质公园
8	213	湖北咸宁九宫山—温泉地质公园

第十八卷　湖南卷

卷本编号	分册序号	国家地质公园名录
1	002	湖南张家界砂岩峰林国家地质公园
2	042	湖南郴州飞天山国家地质公园
3	043	湖南崀山国家地质公园
4	098	湖南凤凰国家地质公园
5	118	湖南古丈红石林国家地质公园
6	126	湖南酒埠江国家地质公园
7	154	湖南乌龙山国家地质公园
8	169	湖南湄江国家地质公园
9	196	湖南平江石牛寨国家地质公园
10	218	湖南浏阳大围山地质公园

第十九卷　广东卷

1	016	广东丹霞山国家地质公园
2	031	广东湛江湖光岩国家地质公园
3	081	广东佛山西樵山国家地质公园
4	085	广东阳春凌宵岩国家地质公园
5	093	广东深圳大鹏半岛国家地质公园
6	097	广东封开国家地质公园
7	135	广东恩平地热国家地质公园
8	168	广东阳山国家地质公园

第二十卷　广西卷

1	044	广西资源国家地质公园
2	050	广西百色乐业大石围天坑群国家地质公园
3	053	广西北海涠洲岛火山国家地质公园
4	106	广西凤山岩溶国家地质公园
5	123	广西鹿寨香桥岩溶国家地质公园
6	156	广西大化七百弄国家地质公园
7	163	广西桂平国家地质公园
8	189	广西宜州水上石林国家地质公园
9	199	广西浦北五皇山国家地质公园

第二十一卷　海南卷

1	074	海南海口石山火山群国家地质公园

第二十二卷　重庆卷

1	065	重庆武隆岩溶国家地质公园
2	073	长江三峡国家地质公园（重庆）
3	084	重庆黔江小南海国家地质公园
4	131	重庆云阳龙缸国家地质公园
5	160	重庆万盛国家地质公园
6	178	重庆綦江木化石—恐龙国家地质公园
7	209	重庆酉阳地质公园

第二十三卷　四川卷

1	007	四川自贡恐龙古生物国家地质公园
2	010	四川龙门山构造国家地质公园
3	017	四川海螺沟国家地质公园
4	020	四川大渡河峡谷国家地质公园
5	033	四川安县生物礁国家地质公园

中国国家地质公园丛书编制出版编目
ZHONGGUO GUOJIA DIZHIGONGYUAN CONGSHU BIANZHI CHUBAN BIANMU

卷本编号	分册序号	国家地质公园名录	卷本编号	分册序号	国家地质公园名录
6	046	四川九寨沟国家地质公园	2	030	黄河壶口瀑布国家地质公园
7	048	四川黄龙国家地质公园	3	039	陕西洛川黄土国家地质公园
8	064	四川兴文石海国家地质公园 ■	4	111	陕西延川黄河蛇曲国家地质公园
9	094	四川射洪硅化木国家地质公园	5	162	陕西商南金丝峡国家地质公园
10	095	四川四姑娘山国家地质公园	6	180	陕西岚皋南宫山国家地质公园
11	113	四川华蓥山国家地质公园	7	193	陕西柞水溶洞国家地质公园
12	119	四川江油国家地质公园	8	215	陕西耀州照金丹霞地质公园
13	152	四川大巴山国家地质公园	第二十八卷	甘肃卷	
14	157	四川光雾山—诺水河国家地质公园	1	013	甘肃敦煌雅丹国家地质公园
15	212	四川青川地震遗迹地质公园	2	023	甘肃刘家峡恐龙国家地质公园
16	218	四川绵竹清平—汉旺地质公园	3	061	甘肃景泰黄河石林国家地质公园
第二十四卷	贵州卷		4	071	甘肃平凉崆峒山国家地质公园
1	052	贵州关岭化石群国家地质公园	5	155	甘肃和政古生物化石国家地质公园
2	063	贵州兴义国家地质公园 ■	6	172	甘肃天水麦积山国家地质公园
3	080	贵州织金洞国家地质公园	7	190	甘肃炳灵丹霞国家地质公园
4	082	贵州绥阳双河洞国家地质公园	8	201	甘肃张掖丹霞地质公园
5	115	贵州六盘水乌蒙山国家地质公园	第二十九卷	青海卷	
6	128	贵州平塘国家地质公园	1	068	青海尖扎坎布拉国家地质公园
7	150	贵州黔东南苗岭国家地质公园	2	105	青海久治年宝玉则国家地质公园
8	153	贵州思南乌江喀斯特国家地质公园 ■	3	112	青海格尔木昆仑山国家地质公园
9	204	贵州赤水丹霞国家地质公园	4	116	青海互助嘉定国家地质公园
第二十五卷	云南卷		5	174	青海贵德国家地质公园
1	001	云南石林岩溶峰林国家地质公园 ■	6	205	青海青海湖地质公园
2	005	云南澄江动物群古生物国家地质公园	7	219	青海玛沁阿尼玛卿山国家地质公园
3	015	云南腾冲火山国家地质公园	第三十卷	宁夏卷	
4	056	云南禄丰恐龙国家地质公园	1	076	宁夏西吉火石寨国家地质公园
5	059	云南玉龙黎明—老君山国家地质公园	2	151	宁夏灵武国家地质公园
6	087	云南大理苍山国家地质公园	第三十一卷	新疆卷	
7	141	云南丽江玉龙雪山冰川国家地质公园	1	057	新疆布尔津喀纳斯湖国家地质公园
8	146	云南九乡峡谷洞穴国家地质公园	2	072	新疆奇台硅化木—恐龙国家地质公园
9	184	云南罗平生物群国家地质公园	3	109	新疆富蕴可可托海国家地质公园
10	188	云南泸西阿庐国家地质公园	4	142	新疆天山天池国家地质公园
第二十六卷	西藏卷		5	148	新疆库车大峡谷国家地质公园
1	040	西藏易贡国家地质公园	6	186	新疆吐鲁番火焰山国家地质公园
2	129	西藏札达土林国家地质公园	7	187	新疆温宿盐丘国家地质公园
3	161	西藏羊八井国家地质公园	第三十二卷	香港卷	
第二十七卷	陕西卷		1	138	香港国家地质公园
1	009	陕西翠华山山崩地质灾害国家地质公园			

注：① 《中国国家地质公园丛书》分册编目序号，按照国土资源部公布的各批国家地质公园名录顺序编列。该序号为该公园专用号；
② 《中国国家地质公园丛书》卷本编号按中国地图集各省(市、区)排序编列；
③ 本编目截至2011年12月30日国土资源部公布的第六批国家地质公园资格；
④ ■ 为已出版书目。